JN059790

別冊
就活ノート
付き!

内定獲得のメソッド

自己分析

Self-analysis

適職へ導く書き込み式ワークシート

目次

本書の特徴

本書の構成

本書は、大きく分けて「自己分析」「適職分析」「自己PR・志望動機の作成」の３つの要素で構成されています。また、自己分析は「主観的自己分析」「客観的自己分析」「自己分析のまとめ」、適職分析は「業界適職分析」「職種適職分析」「会社選択基準分析」「適職分析のまとめ」で構成されています。また、各項目で取り組むワークシートの作業内容については、「就活アドバイザー」と「就活生」との会話のやりとりを通して説明しています。

登場人物

就活アドバイザー

就活生

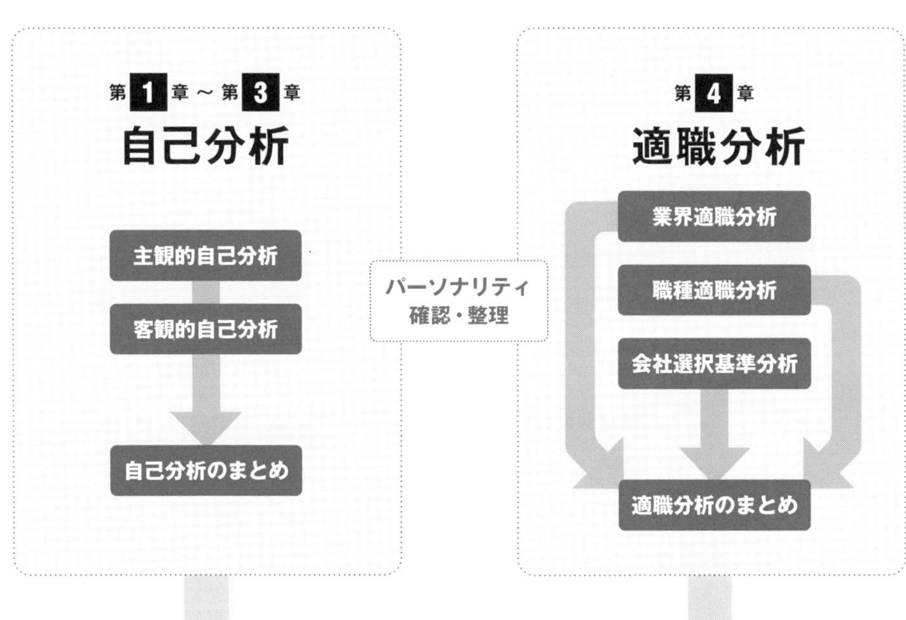

第5章

自己PR・志望動機の作成

まずは第１章～第３章の自己分析ワークシートを通して、自分をより深く理解することに取り組んで、自分の長所、特徴、価値観などを明らかにしましょう。

第１章では、小学校～大学時代、つまり過去から現在までの自分を掘り下げ、経験、価値観、長所、そして、友人たちとの活動における自分のポジションなどを整理しましょう。

第２章では、主に他己分析に取り組み、客観的に自分を評価・分析し、面接などの選考を受けるまでの短期的な成長目標を設定しましょう。また、面接官や採用担当者の立場から自分を分析することにも取り組み、就職活動のための自己分析をより強化しましょう。

第３章では、第１章で行った価値観分析と連動させながら、パーソナリティの確認を行って、アピールネタとなるエピソードなどを細かく掘り起こしていきます。その後、第１章～第３章の分析結果を一覧できるようにまとめましょう。この第３章までの作業を行うことで、就職活動で必要な自己分析を終えられるようになっています。

その後、第４章の適職分析ワークシートに取り組むことで、自分に適した業界・職種・会社の候補や探し方のヒントを得ることができます。そして、自己分析で明らかになった長所や価値観と、適職分析で明らかになった興味・判断基準を融合させ、より自分が満足できる業界・職種・会社発見につなげていきましょう。

第５章では、第１章～第４章の自己分析・適職分析から得られた自分の答えをもとに、エントリーシートや面接で必要になる自己PRと志望動機の作成に取り組むためのアドバイスをしています。また、企業が最も重視する「仕事で何がしたいか？」、「５～10年後に、どのようなことを実現したいか？」「そのために、どのようなキャリアステップを目指すか？」という、それぞれのビジョンを形成しましょう。

本書を通して「自己＆適職分析」に取り組めば、就職活動で必要となる「自己理解」「業種・職種・会社志望の明確化」「仕事ビジョンの形成」をしっかりと行うことができます。

本書と別冊「就活ノート」について

本書は、自己分析から自己PR・志望動機作成の作業だけでなく、あなたの就活全体を応援することを目的に作成されています。

持ち運びにも便利な別冊の「就活ノート」を本書と併せて活用することで、あなたが内定を勝ち取るまでのプロセスをより強力にサポートします。この就活ノートは本書と連動しているだけでなく、就職活動全体のスケジュールを「エントリー期」、「説明会参加期」、「面接期」など7期に分類し、あなたの就職活動をチェック＆向上できるようになっています。また、面接対策として役立てることができる自己研鑽項目とワークシートも準備しています。

就職活動期間を通して、あなた自身の成長の成果を本書及び別冊の就活ノートにどんどん書き加えていきましょう。

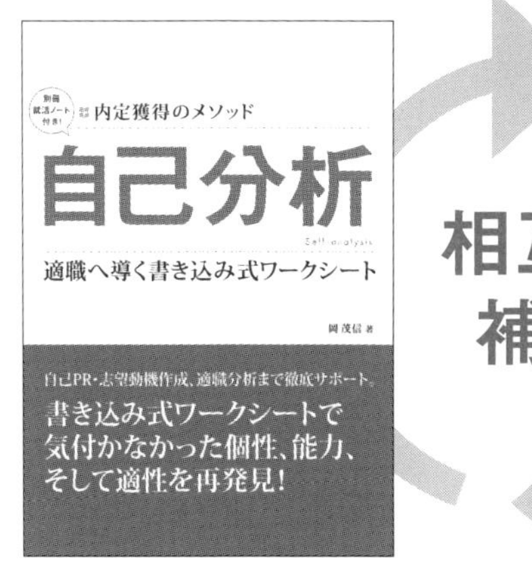

相互に補完

自宅や学校でじっくり取り組む

就活中に持ち歩いて活用

本書の見方

WORK番号

第１章から第５章までの各WORKの順番が通し番号で記載されています。

WORKタイトル

その項目（WORK）で取り組む作業内容がひと目で分かるように、タイトルが記載されています。

章タイトル

そのページを含む各章のタイトルが記載されています。

解説文

就活アドバイザーと就活生の会話を通して、その項目（WORK）で取り組む作業内容を詳しく説明しています。

ポイントのまとめ

解説文で説明されている重要ポイントをひと目で確認することができます。

第1章 自己分析Ⅰ：自分を掘り下げよう

WORK 01 まずは大学生活を振り返ろう

まずは、今までの大学生活に絞って自分を振り返り、自分の経験や知識を整理してみよう。

なぜ大学生活に絞るんですか？

面接官が重視するのは大学生活だからだ。自己分析では、最も重要な大学生活を振り返る作業に真っ先に取り組んでほしい。また、この作業を通して、自分には複数の側面があり、豊かな中身・経験を持った魅力的な存在であることに改めて気づいてほしい。

POINT!

▶大学生活で力を入れた取り組みをピックアップしよう

WORK実例 大学生活で力を入れたことを確認しよう

自分をたくさんの経験の詰まった「タンス」とイメージしてみよう。それらの経験を整理するための大きな引き出しを設定するイメージで、力を入れた活動名を記入しよう。

引き出し1
初めてのアルバイト（飲食店）
「店長にすごく怒られ、自信喪失したことがあった」

引き出し2
大学での学び
「環境にかかわる仕事に就くために必要な専門知識を得たいと考え入学」

引き出し3
留学
「度胸がついたのが一番の収穫」

引き出し4
サークル活動
「尊敬できる先輩や個性的な友人と出会えた。大学に進学して本当に良かった」

引き出し5
2番目のアルバイト（家庭教師）
「人に教えることは、自分が学ぶことであると実感」

引き出し6
資格
「最初の挑戦は不合格だったが、卒業までには合格することが目標」

022

各章の項目（WORK）ごとに作業内容の説明からポイントの解説、ワークシートの実例を掲載していますので、これらを参考にしながら第1章から順番にワークシートに取り組んでいきましょう。

▼「WORK実例」を参考に実際に書き込もう▼

WORK 大学生活で力を入れたことを確認しよう

引き出し1

引き出し2

引き出し3

引き出し4

引き出し5

引き出し6

023

ワークシート

実際に書き込み作業を行うワークシートを掲載しています。自己PR作成・志望動機作成時のネタ帳にもなりますので、必要に応じてコピーして利用してください。

実例ワークシート

実際に取り組むワークシートの書き方・取り組み方の見本として紹介しています。

序章

就職活動における自己分析の役割とは?

就職活動とは

就職活動とは、職を求めて行う活動＝求職活動です。では、学生の新卒採用における求職活動では何を行えばよいのでしょうか？　これが、例えば学生のアルバイトであるならば、求人サイトで応募し、面接を受けるというシンプルな作業を行うことになるでしょう。しかし新卒の求職活動では、言うまでもなくまったく次元の違う作業を行わなければなりません。その作業は、自己分析や他己分析をベースにした「自己PRの作成」や「履歴書・エントリーシート（ES）の作成」、「業界・職種・会社研究」、「面接対策」などにあたります。

この就職活動の後、実際に社会人となって働くことになれば、働く期間、得られる価値、自分の人生に与える影響は、アルバイトとは段違いのものとなります。つまりは、それだけ多くの作業と質の高さが求められるのです。

就職活動とは、非常に価値の高いものを得るために、量と質の両面から高い水準の作業が求められる活動と認識すればよいでしょう。

なぜ、就職活動で自己分析が必要なのか?

自己分析とは、他人から強制されて行うものではなく、主体的に己の要素を明らかにしようと取り組むものです。己の要素とは、長所・短所・特徴・好み・経験・価値観・知識などであり、あなたが日頃認識しているものもあれば、そうでないものもあります。

つまり、自己分析とは、「つかめている自己の確認」「つかめていない自己の模索と発見」「多くの要素を持つ自己の整理整頓」を目的として行うものと考えればよいでしょう。

この自己分析が就職活動で必要な理由は大きくは3つあります。

1 自分にとって正しい決断を行うため

就職活動では、どの業界の、どの会社を選び、どの職種を志望するかという判断をしなければなりません。この判断を誤り、自分にとってミスマッチな業界・会社・職種を選択して就職してしまうと、その後の人生の中で大きな時間を費やすことになる社会人としての仕事のひとつひとつがとてもつらいものになり、そのような仕事を選んだことを後悔してしまうことでしょう。

また、「つらければ転職すればよい」と考える方がいるかもしれませんが、この「新卒」という立場での就職活動に比べて、第二新卒就職や入社後数年内での転職活動は、求人倍率の面から考えても、新卒就職ほど恵まれていないのが現実です。つまり、この就職活動では、より自分にマッチした、後悔のない就職先を選択することが重要になるのです。

そのためには、長所・短所・特徴・好み・経験・価値観・知識などの自己の要素をしっかりと踏まえた上で、就職選択を行うことが必要になります。

2 採用担当者に「ぜひ採用したい！」と思ってもらうため

あなたが就職に真剣であるほど、「厳選採用」の企業に挑戦したいという想いが芽生え、自然と活動のハードルを上げたくなるでしょう。この高いハードルをクリアするためには、採用担当者や面接官に他の就活生と比べて「ぜひ採用したい！」と思わせる何かを持っていなければなりません。

では、どうすれば採用担当者に「採用したい！」と思ってもらえるのでしょうか？

まず必要なのは自分に自信を持つことです。自分に自信を持つためには、「自分が自信の持てる要素は何か」をしっかりと認識する必要があります。

次に、採用担当者に対して入社後に活躍できる人材であることを示し、期待を抱かせなければなりません。そのために必要なのは、「あなたにマッチしている職種・会社を志望している」ことを証明する志望動機です。だからこそ、自己分析を通して、その証明に必要なエピソードやネタをしっかりと厳選し、整理しておく必要があるのです。

更に、入社後に実際の仕事で活躍できる人材であるという期待を抱かせるためには、そのための伸びしろ（ポテンシャル）をしっかりと持っていることもアピールしなくてはなりません。そのためにこの大学生活で成長できたことを通して、今後もまだまだ成長できる人材であることを証明しなくてはならないのです。

3 価値観を共有し合える仲間であることを示すため

入社するということは、その会社の一員＝運命共同体となり、共に困難に立ち向かい、苦楽を共にするということなのです。それだけに、企業は採用活動において、求職者に考え方や価値観の一致を求めます。なぜなら価値観の一致から団結が生まれ、より大きなパワーを発揮できると考えているからです。

さて、あなたはその自分の価値観をすぐに示すことができるでしょうか？価値観とは、常にあなたと共にあるものなのですが、普段改めて考えることが少ないために、なかなか一言で表現しにくいもの。だからこそ、自己分析を通して自分の価値観を説明する準備を行う必要があるのです。

自己分析で得られるもの

自己分析の作業は、過去の自分を振り返り、掘り下げ、整理することが中心となります。この作業は過去を振り返るばかりで、一見、後ろ向きな作業にも見えますが、実は、この作業を通して、「ビジョン」というあなたの未来につながるものも得られるのです。

現在の自分の考え方や価値観、新たな魅力、得意分野を知ることによって、例えば、自分が目指したい自己成長ビジョン、成し遂げたいビジネスビジョン、実現したい人生ビジョンなど、自分の未来を描けるようになるのです。

豊かなビジョンを描くことができた時、あなたは将来の自分に期待を持つことができるでしょう。この自分自身への期待は、あなたのモチベーションをアップさせ、あなたの内面を充実させることにつながります。

これは、採用担当者や面接官に「採用したい！」と思わせる最大のアピールとなることでしょう。

精度の高い自己分析を行うために必要なもの

より精度の高い自己分析を行うためには、自分で自分を分析する自己分析＝「主観的自己分析」とともに、他者からの客観的視点を取り入れた分析も行う必要があります。それが他者から自分を分析してもらう「他己分析」です。

人は自分にとって当たり前のことを見落としがちです。しかし、当たり前といっても価値が低いのではなく、当たり前だからこそ、あなたの核となっている重要な要素といえます。その見落としがちな重要な要素を知るためにも、普段あなたのことをよく観察している他者から自分を分析してもらうことが必要なのです。

また、自分にマッチした就職選択を行うための自己分析（＝本書では「適職分析」と表現します）に取り組むことも大切です。就職活動では、いかに自分にマッチした、いかに自分が満足できる、いかに自己実現の喜びを味わえる職や会社を選択できるかが重要です。

その選択を行うためには、業種や職種に対するあなたの志向や、会社に対する自分の選択基準を明らかにする必要があります。

自分を知るだけではなく、満足度の高い職と会社を発見できるようになってこその自己分析ですので、就職を目標にした自己分析の精度を高めるには、適職分析にも力を入れねばならないのです。

そのほか、よりよい就職を実現するには、ビジネス社会に対する視野を広げ、その展望を見通す目も養う必要があります。自己・適職分析に加え、業界・職種・会社研究にもしっかりと取り組む必要があることを確認しておきましょう。

自己分析を行う際の大切な心構え

自己分析（他己分析、適職分析を含みます）に取り組む際に心掛けてほしいことがあります。それは、自己分析とは必ずしも明確な答えが出るものではないということです。そのため、自己分析を行う過程では、答えが出ないことに焦りや不安、劣等感などを感じることもあるかもしれません。しかし、このような反応はすべて間違いです。

この就職活動で行う自己分析とは、あなたの良き未来を生み出すためのものですので、常にワクワクした気持ちでいてほしいのです。「自分には、こんな面もあったのか！　新たな発見ができたぞ！」「答えが出ないということは、まだまだ自分が知っていること以上の可能性があるんだな！」という前向きな姿勢・気持ちでぜひ取り組んでください。

自己分析を始めよう

本格的な自己分析に取り組む前に、今、この瞬間のあなたを直感的に分析してみましょう。以下の質問に素直な気持ちでチェックを入れてみてください。
(ある・できている＝5点、どちらでもない＝3点、ない・できていない＝1点)

自己分析項目	得点
たくさんの長所がある	
有意義な大学生活を送っている	
高校時代に比較して成長できている	
社会や企業から認められるものを持っている	
人と共同作業することが得意である	
人に頼らず行動できている	
自己管理がきちんとできている	
アイデアが豊かである	
周囲から信頼されている・親しまれている	
自分の未来はとても明るい	

さて、どのような結果となったでしょうか？　各項目の点数がたとえ低くても心配する必要はありません。なぜなら、得点が低い理由はまだ自分自身がつかめていないからであり、過剰に高いハードルで設問を捉えていたりするからです。

就活生の多くが、就職選考のハードルは非常に高く、特別なものを持っていないと就職できないと思っています。しかし、現実には、普通の学生が就職しているのです。大切なのは、あなたが、今のあなたで充分に戦える資質を持っていることを認識することです。

本書で行う自己分析を通して、あなたは自己分析における分析基準や自分の豊かさを知り、必ず自信が持てるようになるはずです。自己分析を終えた後に、同様のチェックシートを設けていますので、その時の結果を楽しみにしていてください。

それでは、さっそく自己分析を始めましょう！

第1章

自己分析Ⅰ：自分を掘り下げよう

WORK 01 まずは大学生活を振り返ろう

まずは、今までの大学生活に絞って自分を振り返り、自分の経験や知識を整理してみよう。

なぜ大学生活に絞るんですか？

面接官が重視するのは大学生活だからだ。自己分析では、最も重要な大学生活を振り返る作業に真っ先に取り組んでほしい。また、この作業を通して、自分には複数の側面があり、豊かな中身・経験を持った魅力的な存在であることに改めて気づいてほしい。

▶大学生活で力を入れた取り組みをピックアップしよう

WORK実例 大学生活で力を入れたことを確認しよう

自分をたくさんの経験の詰まった「タンス」とイメージしてみよう。それらの経験を整理するための大きな引き出しを設定するイメージで、力を入れた活動名を記入しよう。

引き出し1
初めてのアルバイト（飲食店）
「ミスをして、自信喪失したことがあった」

引き出し2
大学での学び
「環境にかかわる仕事に就くために必要な専門知識を得たいと考え入学」

引き出し3
留学
「度胸がついたのが一番の収穫」

引き出し4
サークル活動
「尊敬できる先輩や個性的な友人と出会えた。大学に進学して本当に良かった」

引き出し5
2番目のアルバイト（家庭教師）
「人に教えることは、自分が学ぶことであると実感」

引き出し6
資格
「最初の挑戦は不合格だったが、卒業までには合格することが目標」

WORK 大学生活で力を入れたことを確認しよう

引き出し1

引き出し2

引き出し3

引き出し4

引き出し5

引き出し6

WORK 02

大学生活活動史を作ってみよう

次に、大学入学時から時系列に沿って活動の流れを整理する「大学生活活動史」を作ってみよう。

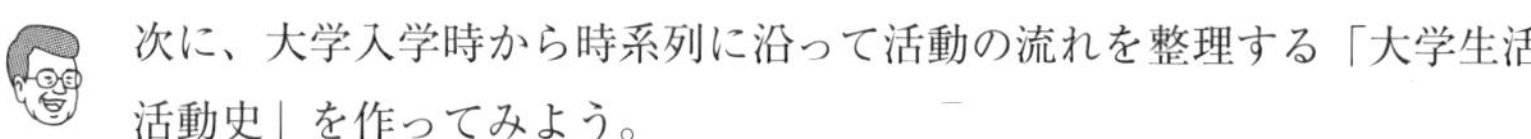

大学生活活動史を作ると、どんなメリットがあるのですか？

自分の大学生活を一覧で把握できるのでイメージを持ちやすく、漏れのない自己分析が行えるんだ。また、各活動の関連性や土台になった出来事、影響している点などもつかみやすくなるんだ。

自分の経験を年表としてまとめるなんて初めての試みです。

つまり、それだけ自分の経験に無頓着だったということだね。しかし、その経験が今の君を作っているんだ。エントリーシート（ES）を作成する時点や面接を受ける時点での自分をしっかりと示せるように、これを機に自分の足跡に関心を持とうね。就活を乗り切るための武器は自分しかない。自分の武器とはこれまでの経験なんだよ。

POINT!

▶活動史で大学生活の全体像と各活動の関連性がひと目で分かる。Web面接でも役立つ。（別冊P45参照）

WORK実例　大学生活活動史を作成しよう

アルバイト、サークル、ゼミ、ボランティア、趣味など、大学生活で力を入れた活動を時系列に沿って記入しよう。同時に、それぞれの活動で果たした自分の役割や、他の活動との関連性も盛り込もう。（例：アルバイトで貯めたお金で海外旅行をした場合は、アルバイトと海外旅行が関連している）

大学1年	大学2年	大学3年～現在
●アルバイト初体験（飲食店）	●教育係に抜擢	●時間帯責任者に
●サークルに所属	●合宿企画メンバーに	●渉外担当責任者に
	●海外旅行で刺激を受け英会話を始める	（ある程度の自信がついたのと、ゼミに力を入れるため辞める）
	●アルバイト代で初の海外旅行に行く（1年春休み）	

▼「WORK実例」を参考に実際に書き込もう▼

WORK 大学生活活動史を作成しよう

大学1年	
大学2年	
大学3年～現在	

WORK 03 それぞれの活動を掘り起こそう

大学生活の全体像をつかんだ後は、個々の活動を振り返り、掘り起こしを行おう。

掘り起こしって何ですか？

ここまでの取り組みは大学生活の表面に触れたに過ぎない。それぞれの活動には素晴らしい経験や想いが詰まっているので、それをひとつでも多く思い出し、整理しよう。また、この掘り起こしをしっかりと行うことが、エントリーシートや面接対策につながるんだ。

どんなことを思い出せば、掘り起こしたことになるんですか？

例えば、何かに取り組むにあたっての動機や目標、その過程での困難な出来事とその時の気持ち、その困難に対しての努力や工夫、また、かかわった人の感想や評価、やり遂げた時の自信といったことだ。

経験内容や気持ちを詳しく振り返るんですね。何か自分の心の奥の隅々まで覗くって感じですね。

POINT!

- **活動を掘り起こすことで、エントリーシート・面接に必要なネタが得られる**
- **自分の活動を深く振り返ることが自分を知ることにつながる**

WORK実例 それぞれの活動を掘り起こそう（例：アルバイト）

活動事例ごとにシートをコピーして利用してください。例のような説明的記入ではなく、メモ的な記入でも大丈夫です。大切なのは、このシートに記入したことを読み直した時、すぐにシーンが浮かんでくることです。また、行動や出来事に加えて、その時の自分の気持ちも振り返って記入しましょう。（ゼミ・研究活動については、次の項目で改めて整理します。ここでは、ゼミ・研究活動以外のことを書き込みましょう。）

活動名　アルバイト（飲食店）

動機や最初の目標・取り組む中で芽生えた新たな目標
始めた動機は社会勉強のため。慣れるにつれて、責任ある立場に選ばれたいと考えた。アルバイト代を貯めて、自分の力で海外旅行を実現することも目標にした。

苦労や失敗したこと・それに対して自分なりに努力、工夫したこと
（苦労・失敗）当初は焦ってしまって、笑顔で応対できなかった。店長から指摘を受け、気持ちが落ち込んだ。
（努力・工夫）店のメニューを持ち帰り、家族に手伝ってもらって応対の練習をした。雑用は自分から率先して行い、お店の一員として早く認めてもらえるよう努力した。

より良くしようと提案したこと・試してみたあなたのアイデア
お客様の顔を覚える。2度目以降のお客様には、「いらっしゃいませ」ではなく、「こんにちは。いつもありがとうございます」とあいさつした。私に対するお客様の反応が良くなった。

自分なりに満足できる結果と周囲からの誉め言葉や評価
3カ月目くらいに新人が1人働き始めた。指導係を任された。その新人から、「不安だったけど、お陰でやっていけそう」と言ってもらえた。店長や先輩からも「面倒見が良い」と褒めてもらえた。その後、正式に新人の教育担当に抜擢され、時給が50円アップした。やりがいを感じた。

もっとこうすれば良かったと反省していること
一生懸命新人を教えたが、その内容をメモに残し、新人教育マニュアル的なものを作れば、もっとお店の役に立てたと思う。これからは、自分の担当する仕事に関する注意点や重要ポイントをメモに残していきたい。

この取り組みを通して成長できたこと・自信がついたこと・学んだこと
夏休み、ロングのシフトを中心につめこんで働ききった。精神・体力のタフさが増した。相手の気持ちや立場を深く考えられる人間に成長できた。お客様や社員、他大学の仲間と仲良くなれたので、誰とでもコミュニケーションできる力がアップしたと思う。「いつもありがとうございます」という心を言葉に込めれば、相手に伝わることを学んだ。集団活動においては、信頼し合えると雰囲気やコミュニケーションが良くなり、何倍もの成果が上げられることを改めて学んだ。

この取り組みを通して自覚できた長所や特徴・強み
強み＝信用を勝ち取れる。時間帯責任者まで任されたことは、働きぶりを認めてもらえ、信用を勝ち取れたのだと思う。長所＝人当たりが柔らかく、面倒見が良い。

この取り組みを通して自覚できた短所や弱点。その短所・弱点について思うこと
短所・弱点＝感覚的な性格。論理的にものごとを進めるタイプではなく、その場の感覚で判断するタイプ。そのため、その時々で、方針に一貫性がない場合があり、社員から指摘を受けたことがあった。なぜ、そうしなくてはならないのか？ということを、もっと深く考えるようにしたい。

WORK それぞれの活動を掘り起こそう

活動名

動機や最初の目標・取り組む中で芽生えた新たな目標

苦労や失敗したこと・それに対して自分なりに努力、工夫したこと

より良くしようと提案したこと・試してみたあなたのアイデア

自分なりに満足できる結果と周囲からの誉め言葉や評価

もっとこうすれば良かったと反省していること
この取り組みを通して成長できたこと・自信がついたこと・学んだこと
この取り組みを通して自覚できた長所や特徴・強み
この取り組みを通して自覚できた短所や弱点。その短所・弱点について思うこと

WORK 04 ゼミ・研究活動を整理しよう

学生の本分は勉強とよく言われますが、やはり大学での成績が良くないと就職も不利なのでしょうか？　正直、成績は平凡なので心配です。

自分の特徴を生かせる仕事を志望すれば心配はいらない。しかし、バランスの取れた学生生活を送った学生を求めている企業が多いことも事実だ。大学生活ではアルバイトやサークルに大半のエネルギーを注いでいたとしても、何か一つ、学業について語れるものを用意しておきたいね。なんといっても、自分が選んだ専門分野だからね。そこで、学業面でアピールしやすいゼミの内容や研究活動についても整理しておこう。ゼミや研究室に所属していない人は、得意な授業と置き換えて整理してみよう。

ちょっと安心しました。いくつかの授業やゼミには特に興味が持てて、それだけにはまじめに取り組みましたから。

もしもまったくなかったとしても、今日からゼミに真剣に取り組んだり、一番興味を持った授業のテキストを読み返せばいいんだよ。何事も手遅れということはないんだからね。

POINT!

- **必ずしも「成績が良くないと就活が不利」ということではない**
- **学業にも力を入れていたことを示せるように、ゼミの内容や研究分野、もしくは得意な授業を振り返っておこう**

WORK実例 ゼミ・研究室・得意授業を振り返ろう

専門的なゼミ・研究テーマの記入では、専門外の人にも分かりやすい記述内容を心掛けよう。例えばそのテーマが身近な一般生活のどんなシーンと関連するかを説明に含めるなど。また、学んだことを通じて養われたこと・成長した点などは、高校時代の自分と現在の自分と比較し記入してみよう。

1. ゼミ・研究のスタートライン

所属する学科を選んだ理由・興味を持ったきっかけ

異常気象、地球温暖化・砂漠化といったテーマに関する特集をTVで中学生の時に見たのがきっかけ。「このままではいけない」と漠然と問題意識を持った。

現在のゼミ・研究テーマを簡潔に説明しよう

研究室の全体のテーマは、気候変動に耐える食糧品種の開発であり、この研究を追究することで、人類の抱える食糧問題の解決に貢献できる。この大目標のもと、私は「食糧危機に打ち勝つ多収性稲の開発」に取り組んでいる。

ゼミ・研究室に所属する段階で持った意気込みは？

先生の授業を通して、環境についてより高いレベルで研究できると感じたので所属した。

2. ゼミ・研究への取り組みについて

現在のゼミ・研究での取り組みにおいて面白さを感じる時は？

関連性がないようなことでも、後の結果でつながりがあることを発見できた時。

現在のゼミ・研究での取り組みで味わった困難なことは？
また、どのようにしてその困難を乗り越えたか？

レポートを作成するのは得意だが発表は苦手。しかし練習を繰り返し、逃げずに取り組むことを通じて自分を鍛えている。

ゼミ・研究での取り組みで自分なりに工夫している点、こだわっている点は？

週に3日のペースで実験に取り組んでいる。正確で詳細なデータを取り、いずれは学会で発表できるほどになりたい。

大学で学んだことを通じ、養われた行動姿勢や能力は？

失敗しては原因を追究し、次のステップに進むための実験方法を考える。この繰り返しを行うことによって論理性や探究心が身についた。

▼「WORK実例」を参考に実際に書き込もう▼

WORK ゼミ・研究室・得意授業を振り返ろう

1. ゼミ・研究のスタートライン

所属する学科を選んだ理由・興味を持ったきっかけ

現在のゼミ・研究テーマを簡潔に説明しよう

ゼミ・研究室に所属する段階で持った意気込みは？

2. ゼミ・研究への取り組みについて

現在のゼミ・研究での取り組みにおいて面白さを感じる時は？

現在のゼミ・研究での取り組みで味わった困難なことは？
また、どのようにしてその困難を乗り越えたか？

ゼミ・研究での取り組みで自分なりに工夫している点、こだわっている点は？

大学で学んだことを通じ、養われた行動姿勢や能力は？

WORK 05 小・中・高校時代の自分を振り返ってみよう

大学生活をしっかり振り返ってみて、どんなことを感じたかな？

大学時代の自分を深く掘り下げると、いろいろなことを経験していることが分かって思っている以上に充実しているものだと感じました。

自分を前向きに捉えられているから、正しい自己分析ができているようだね。では、次に大学入学前の自分を振り返ってみよう。

大学生活の振り返り作業で、自己分析のための材料やエントリーシート・面接で使うネタも充分に集まったと思うので、高校以前のことを振り返る必要はないような気がしますが…。

今の君の土台となっているのが高校以前の取り組みや経験なんだ。この土台をしっかりと見つめ直すことで、今の自分を改めて確認できるんだ。例えば、小学生時代の自分から一貫して続けているものがあれば、もう分析するまでもなく自分が深い興味や関心を持っていることが分かるからね。反対に続けているものがなく、次々と取り組みが変わっているならば、チャレンジ精神を強く持っているということが分かると言えるよ。

なるほど〜。長い時間軸を通して自分を振り返ることで、自分の考え方の傾向などがよりはっきりと見えてくるのですね。

POINT!

- **長い時間軸で振り返ると、自分の考え方などの傾向が浮かび上がってくる**
- **高校以前の取り組みや経験は、今の自分の土台となっている**

WORK実例 小・中・高校時代を振り返ろう

小・中・高校時代の振り返りにあたっては、当時の通知表や成績表を見返してみるとよいでしょう。特に、小・中・高校時代の担任の先生からのコメントは参考になります。また、卒業時の友人からのメッセージには、当時のあなたのキャラクターを的確に表現したコメントがあるかもしれません。

	小学校時代	中学校時代	高校時代
部活や趣味は？力を入れたことは？	・野球 ・カード集め ・得意科目：算数	・野球 ・受験勉強 ・得意科目：英語	・テニス、読書、生徒会 ・受験勉強 ・得意科目：英語
当時の夢は？目標は？	・野球選手になること	・志望高校に合格する ・県大会出場。チームの仲間とこの目標に向けて頑張っていた。	・県大会出場 ・志望大学に合格する ・生徒会活動も行うことで、文武両道の学生生活を送りたかった。
当時の通知表に書かれていたコメントは？	1年生：いつも笑顔で楽しく学校生活を送っています。 5年生：疑問に思うと納得いくまで追求していました。 6年生：気持ちが優しく思いやりを持って友達と接していました。	1年生：しっかりした考えを持ち、進んで係の仕事や清掃をしました。 2年生：気力の充実が学習にも良い影響を与えています。 3年生：自分の進路をしっかりと考え、目標の実現に向けて計画的に学習に取り組むことができました。	1年生：学習活動にまじめに取り組んだ。 学年順位46位 2年生：社会に対し関心を持てた。 学年順位20位 3年生：全体的によく頑張れている。 学年順位25位

続けた理由、やめた理由、変更した理由、こだわり続けた理由など

高校で部活を野球からテニスに変えたのは、野球に飽きたというわけではなく、まったく違うことに挑戦したいと思ったから。特に、ずっとチームスポーツに取り組んできたので、個人スポーツにも挑戦したいと思ったから。

小・中・高校時代を振り返り、見えてきた自分

ひとつのことを続けることも新しいことに挑戦するのも好き。友人が多く、社交的。チーム活動も好きだし、個人で勝負することもできる。基本的にまじめ。目標に向かって熱くなれる。文武両道。

▼「WORK実例」を参考に実際に書き込もう▼

WORK 小・中・高校時代を振り返ろう

	小学校時代	中学校時代	高校時代
部活や趣味は？力を入れたことは？			
当時の夢は？目標は？			
当時の通知表に書かれていたコメントは？			

続けた理由、やめた理由、変更した理由、こだわり続けた理由など

小・中・高校時代を振り返り、見えてきた自分

WORK 06 現在のあなたの集団活動におけるポジションは?

大学生活や小・中・高校生時代を振り返ることで、いろいろな自分の傾向がくっきりと浮かび上がったと思うけれど、それらの傾向の中でも特に集団活動におけるポジション（地位・立場・役割）を分析しておこう。

なぜポジションなんてことを確認する必要があるのですか？

会社は人間が集う場所であり、一つの大きなチームと言えるよね。また、その大きなチームは複数のチームに分かれて活動している。つまり、チーム活動や集団行動の中での自分の行動の傾向を確認して、仕事選択やキャリアビジョンの参考にしてほしいんだよ。

POINT!

▶集団活動における自分のポジションや行動の傾向を分析しよう

WORK実例　現在のあなたの集団活動におけるポジションは?

あなたのポジションの傾向が常に同じような場合は自分が得意とする、もしくは望むポジションを明確に持っているということ。バラバラな場合は状況や事情、義務感や必要性に応じて、そのポジションを果たそうとする意識や柔軟性を持っているということになります。

友人間でのあなたのポジションは？	アルバイトでのあなたのポジションは？
付き合いが良く、どちらかというと、企画するよりも誘われるタイプ	時間帯責任者。どちらかというと、教育担当など、サポートする役割が好き
サークルでのあなたのポジションは？	**ゼミや研究室でのあなたのポジションは？**
渉外担当。人当たりが良いので、他の団体との交渉窓口に向いている	特にないが、先輩や教授とも打ち解けられている

あなたが理想とするポジションは？
引っ張ったり企画するよりも、サポートして盛り上げるムードメーカーが好き

▼「WORK実例」を参考に実際に書き込もう▼

WORK 現在のあなたの集団活動におけるポジションは?

友人間でのあなたのポジションは？

サークルでのあなたのポジションは？

アルバイトでのあなたのポジションは？

ゼミや研究室でのあなたのポジションは？

あなたが理想とするポジションは？

WORK 07 会社や仕事での自分のポジションを想像してみよう

集団活動における自分のポジションを振り返り、それをメモとして残すことで自分のポジションを明確に認識できたのでは？

はい。今まではなんとなく自然な流れで対応しているように思っていましたが、そうではなく、これが私の傾向なのですね。

そこで、この傾向を持った自分が、社内や仕事ではどんなポジションを果たせればよいか、果たしたいと思うかを想像してみよう。今は就職のために自己分析を行っているのだから、この自己分析からの認識を入社後へと結びつけていこう。また、学生時代は「なんとなく」や「自然に」でも良かったけれど、社会人は主体性が大切だからね。自分の得意とするポジションを意識し、能力を存分に発揮しようとする意識と姿勢が大切なことをここで確認しておこう。

POINT!

▶自分の得意とするポジションと関連した仕事内容を考えてみよう

WORK実例 自分のポジション傾向に向いていそうな仕事や会社は?

実際の会社まで想定する必要はありませんので、自由に記入してみましょう。理想を探し求めていく中で、現実との折り合いをつけていくことが就職活動では大事なのです。今後の作業で業界や会社研究等に取り組み、現実の仕事や会社についても理解を深めていきましょう。

「どんな会社や仕事に向いていそうか」を思いつくままに記入しよう

・チームの一員になることが好き。だから、会社で働くことに向いている。
・一人で黙々とする仕事よりは、仲間のいる仕事のほうが向いていそう。
・引っ張るよりは支え、尊敬されるよりは喜んでもらいたい。
・これまで会長やキャプテンというものは担当したことがない。人に指示したり、まとめている自分って、正直、イメージがわかない、というか、周りがついてきてくれないと思う。
・こぢんまりとした、平均年齢の若い会社の一員となり、仲間意識を持って働ける会社が理想。

▼「WORK実例」を参考に実際に書き込もう▼

WORK 自分のポジション傾向に向いていそうな仕事や会社は？

「どんな会社や仕事に向いていそうか」を思いつくままに記入しよう

WORK 08 あなたの価値観とは?

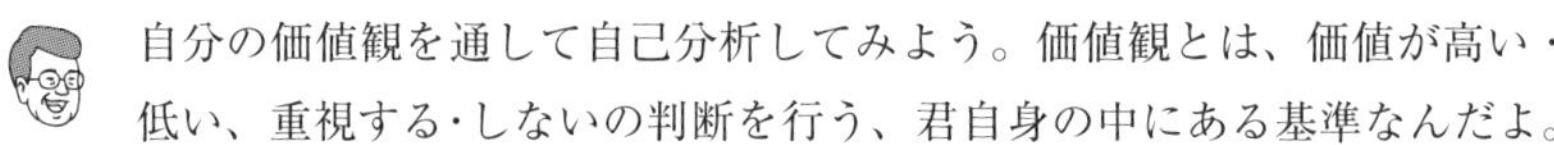

自分の価値観を通して自己分析してみよう。価値観とは、価値が高い・低い、重視する・しないの判断を行う、君自身の中にある基準なんだよ。

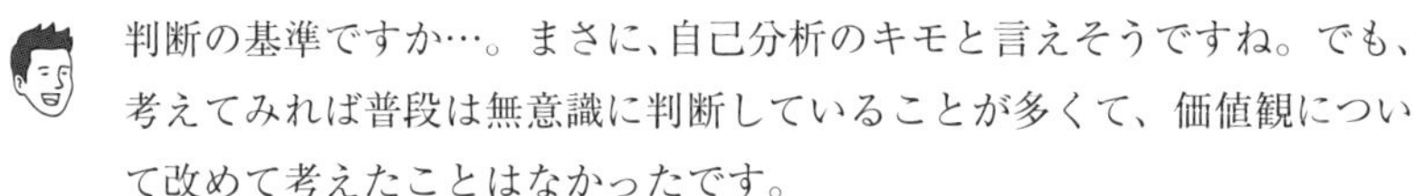

判断の基準ですか…。まさに、自己分析のキモと言えそうですね。でも、考えてみれば普段は無意識に判断していることが多くて、価値観について改めて考えたことはなかったです。

就職活動で仕事や会社を判断する時は、君の価値観も大きく影響するからね。また、自分の価値観を把握しておけば、なぜその会社や仕事を選ぶかも説明しやすくなるんだ。それに、これは就活の落とし穴の一つだからしっかりと心に留めてほしいのだけれど…。例えば会社説明会などで会社や仕事の説明を聞くと、どの会社もどの仕事も魅力的に思えてしまい、ついつい魅力的に感じた説明内容のみを判断基準にしてしまう。その結果、内定・入社後に冷静になった時、自分の価値観とズレていることに気づいて、後悔してしまうなんてケースは多々あるんだ。そんなことにならないよう、会社や仕事の選択では自分の価値観を重視することを忘れないでほしい。

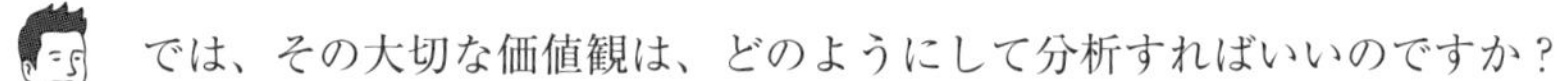

では、その大切な価値観は、どのようにして分析すればいいのですか？

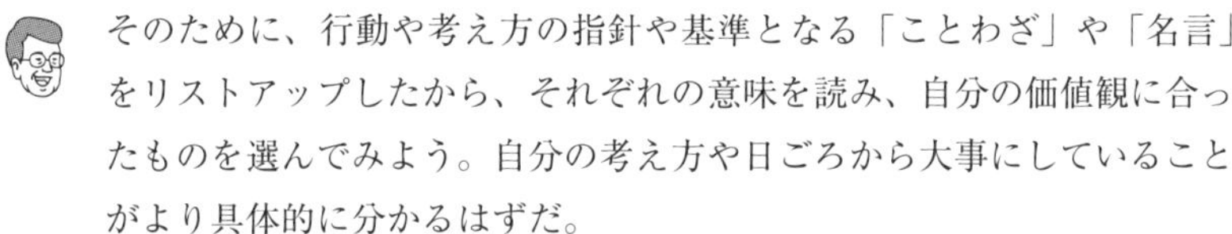

そのために、行動や考え方の指針や基準となる「ことわざ」や「名言」をリストアップしたから、それぞれの意味を読み、自分の価値観に合ったものを選んでみよう。自分の考え方や日ごろから大事にしていることがより具体的に分かるはずだ。

POINT!

▶価値観とは物事を判断する基準

▶会社や仕事の選択にも価値観が大きく影響する

WORK ことわざ・名言シートで価値観をチェックしよう

以下のことわざや名言から、あなたの日ごろの行動や心掛けていること、戒めとして意識していることに当てはまるものを複数選んでチェック欄に○をつけてみましょう。

- **天は自ら助くる者を助く**：人に依存せず、自ら頑張る人を神様は応援する □
- **一念天に通ず**：何事も成し遂げようとする強い信念があれば、天に通じて実現できる □
- **長く待ちすぎるよりも早すぎる行動に価値がある**：行動を起こせば何かが起きて成功への道が開ける可能性が高まる □
- **一年の計は元旦にあり**：成り行き任せでなく、早くから計画と準備を調えることが大切 □
- **芸は道によって賢し**：一芸に通じている人や専門家は素晴らしいものを持っている □
- **艱難、汝を玉にす**：人は苦労してこそ立派になる。この苦労が自分の糧となる □
- **水広ければ魚大なり**：志の大きなリーダーには優れた仲間が集い、そして成長する □
- **仕事は全て時を定めてなすべし**：自分自身の規律やルールを設定することが大切 □
- **盛年重ねて来たらず**：若い時代は二度と来ない。若いうちから勉学に励むことが大切 □
- **1日1字を学べば365字**：少しずつでも何かを続ければ、大きな成長を果たせる □
- **好機逸すべからず**：チャンスは躊躇せず積極的につかみにいこう □
- **百尺竿頭に一歩を進む**：成功を得てもそれにあぐらをかかず、更なる向上を目指そう □
- **危ない橋も一度は渡れ**：慎重さは必要だが、慎重すぎて挑戦しなければ成功を得ない □
- **下手は却って上手**：下手を自覚して仕事を行えば、丁寧に仕事を行うことができる □
- **賽は投げられたり**：決断した後は迷わずに信じた道を進むべきだ □
- **過ちては改むるにはばかることなかれ**：自分のミスに気づいたら、すぐにそれを認めよう □
- **船は帆でもつ、帆は船でもつ**：お互いが助け合う意識を持つことが良いチームを生みだす □
- **真似をして楽をしたものは、その後、苦しむことに**：一度、真似をすると真似ることに慣れてしまう。つらくとも創意工夫の努力が大切 □
- **情けは人の為ならず**：他に尽くすことは、回りまわって自分に返ってくるから、自分のためでもある □
- **山はこれ以上大きくならないが、私はもっと成長できる**：一度はね返されても、あきらめなければ、解決・乗り越えられる自分になれる □
- **何かを求める前に、自分は何ができるかを考える**：他が自分に何かしてくれると期待する前に、自分が何をできるかを考えることが大切 □
- **道理に向かう刃無し**：人としての正しい行動が最も重要な基準である □
- **昨日は人の身、明日はわが身**：災難はいつ自分に降りかかるか分からないから、他人事と傍観してはいけない □
- **井の中の蛙、大海を知らず**：自分の狭い視野や考えに捉われてはいけない □
- **郷に入っては郷に従う**：仲間入りする時は、その集団の規則や考えを尊重しよう □
- **故（ふる）きを温めて新しきを知る**：過去の事例を研究することが、新しい発見につながる □
- **曲がるは折れるに勝る**：強硬な姿勢よりも、柔軟さのある姿勢が大切 □
- **私は私の意見を述べる**：自分のアイデア・考えを持ち、発言することが大切 □
- **親しき中に礼儀あり**：人との関係では、どんなに親しくても礼儀を忘れてはならない □
- **問うは一旦の恥、問わぬは末代の恥**：積極的に質問する姿勢が成長につながる □
- **船は船頭に任せよ**：専門家の見識には耳を傾ける価値がある □
- **一念岩をも通す**：不器用であっても、ひたむきな気持ちで継続すれば成し遂げられる □

WORK実例 ことわざ・名言とマッチする経験をメモしよう

「ことわざ・名言シートで価値観をチェックしよう」シートでチェックしたことわざ・名言に関連した自分の経験や出来事を書き込んでみよう。

あなたが選んだことわざ・名言	対応する経験シーン
天は自ら助くる者を助く	アルバイトで30万円を半年で貯め、海外旅行を実現した。自分の力で実現した旅行ゆえに、楽しめただけでなく、自分の力でやっていけるという大きな自信がついた。
好機逸すべからず	大学の学食で、たまたま相席になった留学生に自分から声をかけた。その後、彼が語学の先生となって教えてくれた。語学力はかなりアップできた。
昨日は人の身、明日はわが身	サークルの合宿担当がミスをしてトラブルとなった。私は担当ではなかったので傍観できる立場でもあったが、困っている仲間を見かねて再交渉などに一緒に出かけた。また、ほかのメンバーにも積極的にフォローするよう声をかけた。おかげでサークルの団結力が上がった。
下手は却って上手	プログラミングは苦手だったので、授業では教科書にそって1行1行丁寧に取り組んだ。結果、評価Aをもらえた。

▼「WORK実例」を参考に実際に書き込もう▼

WORK ことわざ・名言とマッチする経験をメモしよう

あなたが選んだ ことわざ・名言	対応する経験シーン

POINT!

▶あなたの座右の銘や心に響いた名言を付箋に書き、日々、自然と視界に入る場所に貼り付けておこう。Web面接時は、その付箋をWebカメラの横等に貼り付けておくと、自己PRを話すときに座右の銘や名言を盛り込みやすくなる。

WORK 09 選択したことわざ・名言から長所・強みを確認しよう

ことわざや名言って自分の価値観に共通するものが多く、自分を表現するのに役に立ちますね。

ES作成時や面接で、これらのことわざを座右の銘やモットーとして紹介する人もいるんだよ。面接官にイメージを持たせることに役立つだけでなく、理知的な人物である印象を与えることもできるから、ぜひ活用してほしい。また、「ことわざ・名言から知る自分の長所・強みのヒント」シートで、ことわざ・名言に関連する長所や強みのキーワードを掲載したので、自分の長所や強みの確認をしてみよう。

僕は「天は自ら助くる者を助く」にチェックを入れたから、あっ、自立性が長所・強みなんですね。

このシートを使って、もう一つ自己分析をしてほしい。「これは自分には無縁だな」というものと、「これから身につけたいな」というものを選んでみよう。

どういう意味があるのですか？

この分析で、自分の弱点やこれから目指す成長像が見えてくるんだ！

あっ、僕はけっこう妥協するところがあります。だから「一念天に通ず」を意識していきたいです。

POINT!

- **ES作成時や面接での自己PRで、自分のモットー・座右の銘・キャッチフレーズとして活用しよう**
- **価値観と長所・強みは影響し合っている。長所・強みの発見・確認の手がかりにもしてみよう**

WORK ことわざ・名言から知る自分の長所・強みのヒント

天は自ら助くる者を助く
自立性が強く、やりとげる意識の強いタイプ

一念天に通ず
完遂する意識が高く、簡単に妥協しないタイプ

長く待ちすぎるより早すぎる行動に価値がある
積極的に行動することを重視するタイプ

一年の計は元旦にあり
しっかりと計画を立て無駄なく行動できるタイプ

芸は道によって賢し
こだわりを持ち専門家を目指すタイプ

艱難、汝を玉にす
忍耐力に富み、簡単に弱音をはかないタイプ

水広ければ魚大なり
大きな組織でリーダーシップを発揮できるタイプ

仕事は全て時を定めてなすべし
時間・行動管理がしっかりできているタイプ

盛年重ねて来たらず
自己研鑽意識が高いタイプ

1日1字を学べば365字
継続力を持っている。長年続けてきたものがある

好機逸すべからず
率先して行動を起こすフットワークのよいタイプ

百尺竿頭に一歩を進む
目標設定を行い向上的な生活を送るタイプ

危ない橋も一度は渡れ
チャレンジ精神に富んだタイプ

下手は却って上手
過信せずていねいに物事に取り組むタイプ

賽は投げられたり
意思決定力・決断力を持ったタイプ

過ちては改むるにはばかることなかれ
自己反省ができ、すぐに修正できるタイプ

船は帆でもつ、帆は船でもつ
協調、協力、チームワークを重視するタイプ

真似をして楽をしたものは、その後、苦しむことに
創意工夫を行うことを重視するタイプ

情けは人の為ならず
親切・思いやりの心を見返りを求めず発揮できる

山はこれ以上大きくならないが、私はもっと成長できる
問題解決をあきらめないタイプ

何かを求める前に、自分は何ができるかを考える
貢献・利他心を持ち多くの友人がいるタイプ

道理に向かう刃無し
論理的に思考でき、是々非々の姿勢を持っている

昨日は人の身、明日はわが身
当事者意識を持ち、他人事にしない姿勢がある

井の中の蛙、大海を知らず
情報収集・視野の広さを持つことの大切さを意識できていて、アンテナ感度のよいタイプ

郷に入っては郷に従う
適応力が高く、新しい環境に溶け込める

故(ふる)きを温めて新しきを知る
改革・改善意識が高く、研究熱心なタイプ

曲がるは折れるに勝る
柔軟性が高く、周囲と調和的に接するタイプ

私は私の意見を述べる
積極的にアイデア・考えを提案するタイプ

親しき中に礼儀あり
礼儀・社会性が高く、渉外担当に向いている

問うは一旦の恥、問わぬは末代の恥
探究心に富み、知ったかぶりをしないタイプ

船は船頭に任せよ
人の能力を尊重し、公正・公平な評価のできるタイプ

一念岩をも通す
没頭する力が強く時間を忘れて取り組むタイプ

WORK 10 隠れた長所を発見しよう

ここでは、自分にはもっとたくさんの長所があることを確認しよう。

え、またですか？　長所はかなりはっきりつかめたと思うんですが…。

実は君には見逃している隠れた長所がいっぱいあるんだ。隠れた長所だからといって軽く考えてはいけないよ。たまたま発揮する機会が少ないとか、逆に、日々当たり前に発揮されているから気づきにくいが、君の核となっている長所があるかもしれないからね。

確かに頼んだことにすぐに取り掛かってくれる後輩の姿とかを見ると、当たり前とは思いつつも、偉いなと認めています。

すぐに取り掛かる、メモをしながら聞く、こんな当たり前のことでも、欠けていると社会人としては失格となるものもあるからね。次の「隠れた長所の価値を確認しよう」シートをチェックして、抜けているものがあれば、これを機に意識して身につけるよう努力しよう。

POINT!

- **あなたには気づいていない隠れた長所がたくさんある**
- **隠れた長所は価値が低いわけではない**
- **チェックできなかったものは、今後身につける意識を持とう**

WORK 隠れた長所の価値を確認しよう

少しでも当てはまると思ったものはチェックを入れ、長所として強く意識してみよう。また、その長所が生かされる仕事内容や特徴を解説してあります。仕事で発揮する自分の長所を語る時の参考にしましょう。

整理整頓を心掛けている
資料や商品の整理整頓は非常に重要だ。机の上が雑然としている人は、仕事でミスが多いものだ □

先生や先輩からの指示はメモしながら聞く
仕事でメモは非常に重要だ。記憶に頼る人は、必ずビジネスで大きな失敗を犯す □

失敗した時は、すぐに頭を下げられる
ミスに対する対処が遅れれば遅れるほど、解決にかかる時間は増えていく □

上下関係に慣れている
会社では上下関係も大切であり、これを踏まえている人が組織の要となっていく □

好き嫌いを超えて取り組める（苦手なことにも取り組める）
仕事を好き嫌いで判断する人は経験が浅くなり、仕事を総合的に判断する立場にはなれない □

期限は絶対に守る意識がある
仕事では納期・約束した期限を絶対に守らなければならない。大きな仕事ほど、遅れれば莫大な損害賠償が発生することもある □

長時間、集中して仕事や勉強に取り組める
仕事では100%が求められる。例えば、1文字のミスで台無しとなることもあるので、集中を切らさないことが大切だ □

相手の目を見てコミュニケーションできる
交渉などで相手の目から何かをつかむこと、また、目で相手に真剣さや真摯さを伝えることが非常に重要だ □

失敗を引きずらない。切り替えられる
仕事はどんなに注意深く取り組んでも、満足できる結果になるとは限らない。大切なのは、素早く切り替え、次のチャレンジに移ることだ □

段取りが得意。よく幹事役を担う
仕事は大きく複雑になればなるほど、段取りが重要。この段取りが悪いと現場は混乱し、成功は遠くなる □

頼まれたことには素早く取り掛かる、後回しにしない
フットワークの良さは、上司からの信頼を獲得する □

授業やゼミには予習をして臨む
会議などで重要な役割を果たす人はその場で考えたりはしない。必ず自分の考えをまとめてから出席している □

先輩の姿をよく観察し、良い部分は取り入れる
トップクラスのビジネスパーソンは教わるのではなく、先輩から盗む、吸収している □

アルバイトではお客様本位で考えられる
あらゆるビジネスシーンでお客様第一の考えを持つ必要がある □

アルバイト先や研究室を大切な場にしたいと思える
場を大切にすることで、自分を必要としてくれる人・局面が増え、その結果、自分にとって仕事や組織がより大切なものにできる □

気を回せる・気がつくタイプ
このタイプの人がいなければ、組織はギスギスしてしまう。組織の潤滑油となる、なくてはならないタイプだ □

常に自分からあいさつできる
あいさつは誰でもできるが、自分から行うことが非常に重要で、同僚や顧客の信頼をいち早く獲得できるのはこのタイプの人 □

悩み続けないで周囲に相談できる。友人の話をよく聞く、よく相談される
相談する、されるということは相手との間に壁がない証拠。壁を感じないオープンな気質の人はしっかりとした存在感を持っている □

本番で練習の力を発揮できる
本番で練習通り、練習以上の力を発揮できることは重要な仕事でのキーパーソンとして抜擢される可能性を大きくする □

ゼミの発表などではビジュアルに訴える資料を作る
相手に伝わる、伝わりやすさを意識して準備を調える人は、プレゼンテーション能力が高い。仕事とはプレゼンテーションの連続だ □

WORK実例 隠れた長所を発揮している自分や反省点などを記入しよう

隠れた長所を発揮している自分を記入しましょう。当たり前のことではなく、長所として確認すると同時に、今後この長所を発揮することを意識し、武器となる長所へと育てていきましょう。また、現在の自分ができていないと感じる項目については反省を簡単にメモしておきましょう。

長所	現在の自分
整理整頓を心掛けている	自室ではあまりできていないが、アルバイト先の掃除や整理整頓はしっかりと行っている。明日は自室も掃除してみよう。
頼まれたことには素早く取り掛かる、後回しにしない	アルバイト先の社員から指示された資料の整理はその日に取り掛かっている。また、1、2年生の時は先輩の指示にすぐに対応していた。
先生や先輩からの指示はメモしながら聞く	聞いて頭で覚えていることが多い。予定が先のことは後で手帳にメモしているが、今後は常にすぐにメモしたい。
授業やゼミには予習をして臨む	前日にテキストに目を通してはいるが、おざなり。できるだけ、しっかり行うよう努力したい。
失敗した時はすぐに頭を下げられる	幼い時から、家族に対しても、友人に対してもできている。これは当たり前であると同時に、ものすごく大切なことだと考えている。
先輩の姿をよく観察し、良い部分は取り入れる	特にアルバイトでは先輩の姿を見て仕事を覚えていった。また、ゼミでとても優秀な先輩の使っているテキストと同じものを買って読んでいる。
上下関係に慣れている	高校生以前は部活、現在はアルバイトやサークルと、常に上下関係があったので慣れているというか、難しさを感じていない。
アルバイトではお客様本位で考えられる	これは、もちろんできている。お客様の表情に常に注意を払っている。
好き嫌いを超えて取り組める（苦手なことにも取り組める）	苦手な授業は単位さえ取れればよい的な取り組みで手を抜いている。これではダメだということを自覚したい。就職したら、嫌だといって簡単に辞められないのだから。
アルバイト先や研究室を大切な場にしたいと思える	アルバイトでは社員に「気づき」を提案したり、自分の仕事を手早く終わらせて、同僚のサポートをしようと努力している。

長所	現在の自分
期限は絶対に守る意識がある	レポート提出期限は当然のことながらがっちり守っている。また、期限とは少し違うが待ち合わせの時間にも絶対に遅れない。
気を回せる・気がつくタイプ	本当に気のつくT君に比べれば確実に劣っている。T君レベルというのはちょっと自分のタイプではないな。普通レベルでは気を回せている。
長時間、集中して仕事や勉強に取り組める	アルバイト＝仕事は取り組めている。勉強は…。時間を決めて、その時間はしっかりと集中するようにしたい。
常に自分から挨拶できる	目上の人やお客様に対しては、自分からできている。
相手の目を見てコミュニケーションできる	アルバイトで鍛えられているので完璧にできている。特にアルバイト仲間とはアイコンタクトだけで意思疎通できることも多い。
悩み続けないで周囲に相談できる。友人の話をよく聞く、よく相談される	自分のタイプ的に、昔から先輩や友人にすぐに相談していた。こんなことも長所なのか…。逆に、相談されることはたまにしかないかも。人の話をよく聞かないタイプと思われているのだろうか？　反省したい。
失敗を引きずらない。切り替えられる	すぐには切り替えられないが、挽回して取り戻そうと思うタイプなので、クヨクヨは続かない。クヨクヨしていると、周りの人の気分も暗くするので、しないように心掛けている。
本番で練習の力を発揮できる	接客の仕事をしたお陰で度胸が身についたというか、人前にいることに慣れた。だから、人前で何かをするという意味では、本番でも割と緊張しないのではないか？　ただ、試験は今でもドキドキする。多分、きちんと準備をしていないせいか？　反省したい。
段取りが得意。よく幹事役を担う	どちらかというと成り行きに任せるタイプ。就職を目指す以上、成り行き任せではダメなのだろうから、今後は段取り上手を目指したい。
ゼミの発表などではビジュアルに訴える資料を作る	パワーポイントやエクセルを使って資料を作ることができているので、普通にはできていると思う。

▼「WORK実例」を参考に実際に書き込もう▼

WORK 隠れた長所を発揮している自分や反省点などを記入しよう

長所	現在の自分

長所	現在の自分

MEMO

第 2 章

自己分析Ⅱ：客観的に自分を見つめてみよう

WORK 11

他己分析とは

ここからは、友人や家族などの周囲の人の目を通して自分を知る「他己分析」に取り組もう。

なぜ周囲の人の目を通して自分を知る必要があるのですか？

自分で自分を探る自己分析は、どうしても主観的なものになりがちで、客観性に欠けることがあるんだ。そこで、他者に自分を分析してもらうことで、自分を客観的に理解できるようになるんだよ。

POINT!

▶他者の目を通して、自分を客観的に理解しよう

他己分析依頼における注意点

1. 就職活動における取り組みであることを明確に伝えよう。社会人ほど就職活動の大切さを知っているので、力になってくれるでしょう。
2. この他己分析を通して、
   ①自分の長所の発見
   ②自分に合った仕事の発見
   ③自信を持って自己PR
   ができるようになることが目標であることを伝えよう。
3. 依頼する候補者は忙しいかもしれない。「できればご協力いただければと思います」と、決して押しつけない姿勢で依頼すること。
4. 「いつまでに」と期限を設けて依頼するのは失礼。相手の状況を優先して、時間に余裕を持って早めに依頼しておくこと。
5. 他己分析シートは、封筒などに入れて手渡そう。
6. 就活仲間に依頼する時は、自分も仲間の他己分析を手伝う意識でお互いに協力し合おう。
7. 就活仲間やメールしなれた先輩などの場合は、メールに他己分析シートを添付して依頼すると効率的。ただし、いきなりシートを添付したメールを送りつけるのではなく、事前に了解を得たうえで送ろう。
8. 就活を通して知り合った（＝付き合いの浅い）友人は、深い他己分析は期待できないが、自分の第一印象を確認するまたとない相手となる。

▼ 実際に書き込もう ▼

WORK 他己分析をしてもらう候補者をリストアップしてみよう

自分との関係性	人物名
大学の先輩	
大学の友人	
大学の後輩	
大学外での友人 （アルバイト先、高校の同級生など）	
社会人の知人 （教授・アルバイト先の社員・家族・親戚など）	

WORK 12 他己分析に取り組もう

他己分析に取り組むにあたって、具体的には何から始めればよいのですか？

まず、他己分析を依頼する人に書き込んでもらう「他己分析依頼シート」を作成しよう。基本は次のシートを参考にして、このほかにも知りたいものがあれば追加しよう。『Word』などのワープロ系PCソフトで作成すればメールに添付できるメリットがある。ただし、あまりボリュームが多いと相手の負担になるので、プリントアウトして手渡すことも考えれば、A4サイズの紙１枚に収まる量が適当だね。

お、これは本格的ですね。このレベルで多くの人に答えてもらえたら、自分理解や発見がかなり充実する予感がします。

この他己分析には、もう一つ大切な意味があってね。それは、君が就活に真剣に取り組んでいることをこの依頼を通して伝えることなんだ。就活とは周囲の応援を受けながら行うものだから、就活の応援者になってほしい人には、ぜひ「今後、就職活動のご相談もさせてください」とひと言添えておこう。

POINT!

- ワープロ系のPCソフトで作成すれば、メールに添付できる
- 相手も負担になるので、多くの質問を設定するのは控えよう
- A4サイズ1枚に収まる量で作ってみよう

WORK実例 他己分析依頼シート

①「私のパーソナリティについて」は、WORK09で取り組んだ「選択したことわざ・名言から長所・強みを確認しよう」と連動しています。自分の分析結果と比較してみましょう。②の回答と、第１章で確認した長所・武器が同じ場合はおおいに自信とし、新たなキーワードがあった場合は、自分自身でも発揮したシーンを振り返りましょう。③は、WORK03内「自覚できた短所や弱点。その短所・弱点について思うこと」、WORK10内「隠れた長所を発揮している自分や反省点などを記入しよう」と合わせて確認しましょう。自己改善の方向性がくっきりと見えてくるでしょう。④はWORK06と合わせて確認し、⑤は「自分のキャッチフレーズ作り」のヒントともなります。

回答者　☑友人　□先輩　□先生　□家族　□その他（　　　　）

①私のパーソナリティについて

しばしば見受けられるものは○、あまり見受けられないものは×、どちらともいえないものは△

項目	評価	項目	評価	項目	評価	項目	評価
自立性	○	協調・協力姿勢	○	完遂力	○	創意工夫	○
積極性	○	配慮（親切・思いやり）	○	計画性	○	問題意識・解決志向	○
こだわりの強さ	×	貢献・利他心	×	忍耐力	○	論理性	○
リーダーシップ	○	当事者意識	○	時間・行動管理力	○	情報収集・視野の広さ	×
自己研鑽	△	適応力	△	継続力	○	改革・改善意識	○
率先性	○	柔軟性	△	目標設定姿勢	○	アイデア提案力	△
チャレンジ精神	△	礼儀・社会性	×	丁寧な取り組み	○	探究心	○
意思決定力	△	尊重姿勢	○	自己反省姿勢	○	没頭力	○

質問・回答	具体的な理由
②私の長所はどこだと思いますか？ 一度決めたことは必ずやり遂げる	・テニスの試合で上位を目指し日々努力し、ベスト16に入賞した ・志望する大学に合格した ・TOEICの点数を600点から700点にアップさせた
③私はどんなところを直したら、より良くなりますか？ 慎重すぎるところ	完璧主義なため柔軟性に欠ける
④私は仲間うち（クラスやサークル）ではどんな役割を担っていますか？ リーダー的な存在	・サークルの練習には一番最初に来て、コート整備や用具のチェックをしてくれる ・効率のよい練習メニューを率先して考えてくれる
⑤私は一言でいえばどんな人物でしょうか？ 聞き上手、話し上手	・相手の意見を上手に聞きだす ・相談相手になってくれて、その人のためにしっかり意見を言ってくれる

WORK 他己分析依頼シート

回答者 □友人 □先輩 □先生 □家族 □その他（ ）

①私のパーソナリティについて

しばしば見受けられるものは○、あまり見受けられないものは×、どちらともいえないものは△

自立性 □	協調・協力姿勢 □	完遂力 □	創意工夫 □
積極性 □	配慮（親切・思いやり） □	計画性 □	問題意識・解決志向 □
こだわりの強さ □	貢献・利他心 □	忍耐力 □	論理性 □
リーダーシップ □	当事者意識 □	時間・行動管理力 □	情報収集・視野の広さ □
自己研鑽 □	適応力 □	継続力 □	改革・改善意識 □
率先性 □	柔軟性 □	目標設定姿勢 □	アイデア提案力 □
チャレンジ精神 □	礼儀・社会性 □	ていねいな取り組み □	探究心 □
意思決定力 □	尊重姿勢 □	自己反省姿勢 □	没頭力 □

②私の長所はどこだと思いますか？

具体的な理由

③私はどんなところを直したら、より良くなりますか？

具体的な理由

④私は仲間うち（クラスやサークル）ではどんな役割を担っていますか？

具体的な理由

⑤私はひと言でいえばどんな人物でしょうか？

具体的な理由

WORK 13 他己分析シート回収後の分析方法

「他己分析依頼シート」回収後はどうすればよいのですか？

ただ読んでおしまいではもったいない。次のような集計用のシートを作成しよう。そして、まずそれぞれの○の数を集計して記入しておこう。ちなみに半分以上の人が認めてくれた項目には、おおいに自信を持っていいと思うよ。次に、それぞれのコメントを読んでの感想を記入しよう。喜ぶべき内容には素直に喜び、逆に、至らない点の指摘に対しては謙虚に受け止め、感想や改善点をまとめて記入しておこう。

自分の至らない点や弱点を指摘してもらう機会ってなかなかないですからね。弱点丸出しで説明会に参加したり、面接を受けることを避けられるんだから、ありがたいアドバイスなんですね。

その点が分かっているなら、この他己分析をおおいに生かせるよ。

POINT!

- ▶他己分析の結果は謙虚に受け止めるべき
- ▶指摘されたポイントは改善点として今後に生かそう

WORK実例 他己分析依頼シート／集計シート

集計結果を分析して、長所を更に伸ばすために明日から意識して取り組む目標や、問題点を改善するために実行したことなどを書き加えてみよう。

回収したシートの数（人数） 25人

自立性	12人	**協調・協力姿勢**	14人	**完遂力**	5人	**創意工夫**	3人
積極性	20人	**配慮（親切・思いやり）**	15人	**計画性**	8人	**問題意識・解決志向**	8人
こだわりの強さ	5人	**貢献・利他心**	10人	**忍耐力**	5人	**論理性**	20人
リーダーシップ	3人	**当事者意識**	6人	**時間・行動管理力**	12人	**情報収集・視野の広さ**	9人
自己研鑽	11人	**適応力**	21人	**継続力**	5人	**改革・改善意識**	6人
率先性	18人	**柔軟性**	15人	**目標設定姿勢**	3人	**アイデア提案力**	18人
チャレンジ精神	13人	**礼儀・社会性**	20人	**丁寧な取り組み**	4人	**探究心**	10人
意思決定力	8人	**尊重姿勢**	7人	**自己反省姿勢**	6人	**没頭力**	5人

再確認できた長所	目標に向かって頑張る自分が周囲からも評価されていたのは、とてもうれしい。また、スポーツと勉強の両方にバランスよく取り組めていることが再確認できた。自立性、積極性、アイデア提案力を認めてもらえていて安心した。
新たに発見した長所	忍耐力があると評価してくれている人が5人もいた。あまり自分では意識していなかったが、特にアルバイト先の社員の方から評価を受けたことがうれしい。
再確認できた自己改善点	慎重というのは自分の良さでもあると思うが、確かに煮え切らない態度と取られる場面もあるので、長所として認められるよう改善しなければ。
新たに認識した自己改善点	柔軟性に欠けるというコメントは、正直ショックだ。ただ、意見を譲らないところなど、頭の固い部分は確かにある。社会に出たら、深く理解し合えている人とばかり付き合うわけではないので、この点は改善するよう心掛けなければならないと思った。
私に対するひと言への感想	聞き上手、アイデア豊富とコメントしてもらえたことがうれしい。就活では、特にアイデア豊富で提案している自分をアピールしたい。また、これでアピールする勇気をもらえた。

▼「WORK実例」を参考に実際に書き込もう▼

WORK 他己分析依頼シート／集計シート

回収したシートの数（人数）　　人

自立性　人	協調・協力姿勢　人	完遂力　人	創意工夫　人
積極性　人	配慮（親切・思いやり）　人	計画性　人	問題意識・解決志向　人
こだわりの強さ　人	貢献・利他心　人	忍耐力　人	論理性　人
リーダーシップ　人	当事者意識　人	時間・行動管理力　人	情報収集・視野の広さ　人
自己研鑽　人	適応力　人	継続力　人	改革・改善意識　人
率先性　人	柔軟性　人	目標設定姿勢　人	アイデア提案力　人
チャレンジ精神　人	礼儀・社会性　人	丁寧な取り組み　人	探究心　人
意思決定力　人	尊重姿勢　人	自己反省姿勢　人	没頭力　人

再確認できた長所
新たに発見した長所
再確認できた自己改善点
新たに認識した自己改善点
私に対するひと言への感想
その他

WORK 14 採用担当者の視点で自己分析をしよう

今度は面接官など企業の採用担当者の視点で自己分析してみよう。何事も相手の立場に立つことが大切だからね。

え？　僕が面接官になって自分の自己分析をするのですか？　でも、面接した経験なんてないからな～。

そこで、ここでは面接官が人材に求めるポイントをリストアップしておいたから、それをもとに自己分析してみよう。

あっ、これは便利だ。面接官が重視しているポイントがよく分かりますね～。

この分析をもとに、選考において自分の弱みとなる可能性のある部分（＝2点以下の部分）を確認しよう。そして、無意識のうちにESや面接で苦手意識がクローズアップされないように気をつけると同時に、この就職活動の中で全てに4点以上の意識を持てるように自分を変えていこう。

POINT!

▶**採用担当者の立場で考えれば、新たな視点で自己分析ができる**

▼実際に書き込もう▼

WORK 面接官が人材に求めるポイント

以下の評価基準で各分析項目に点数をつけてみよう。
5点＝強く思っている。持てている
4点＝意識して心掛けている
3点＝どちらでもない。あまり考えたことがない
2点＝どちらかというと思っていない。苦手
1点＝まったく思っていない。したいと思わない

分析項目	得点
チームや仲間を支えるという気概を常に持っている	
新しい世界を開拓することにやりがいを感じる	
入社後は会社の知名度に頼らず、自分自身をお客様に認めさせたいと強く思っている	
自分の考えを持つこと、主張することを大切にしている	
違う考えやミスに対する指摘に対しても素直に耳を傾けられる	
自分だけでなく仲間の知恵を集めたほうがより良いと考えている	
収入は自分の出した結果についてくるものだ	
目標を持った日々を送ることが大切と考えている	
やりがいは収入に勝ると考えている	
踏襲ではなく、少しでも良い方向へ変える努力をすることが大切	
独りよがりにならず、報告・相談・連絡と積極的にコミュニケーションすることが大切だ	

WORK 15 友人・先輩を通して自分を見つめよう

ここでは、自分と周囲の人を「距離感」で配置してみよう。距離感とは、自分と相手の「行動・考え方」の相違と、相手に対して「尊敬・憧れ」を持っているか、それとも「自分が勝っている」と考えているかを考慮したものになる。「尊敬・憧れ」を持っている人からは「自分の足りない点や強化すべきこと」が見え、「自分が勝っている点がある」と思える人からは「自分の強み」が見えてくるんだ。まずは実例に従って、周囲の人間との関係性を分析してみよう。

POINT!

▶ **他者を分析することでも自分の傾向や強み、弱点を分析できる**

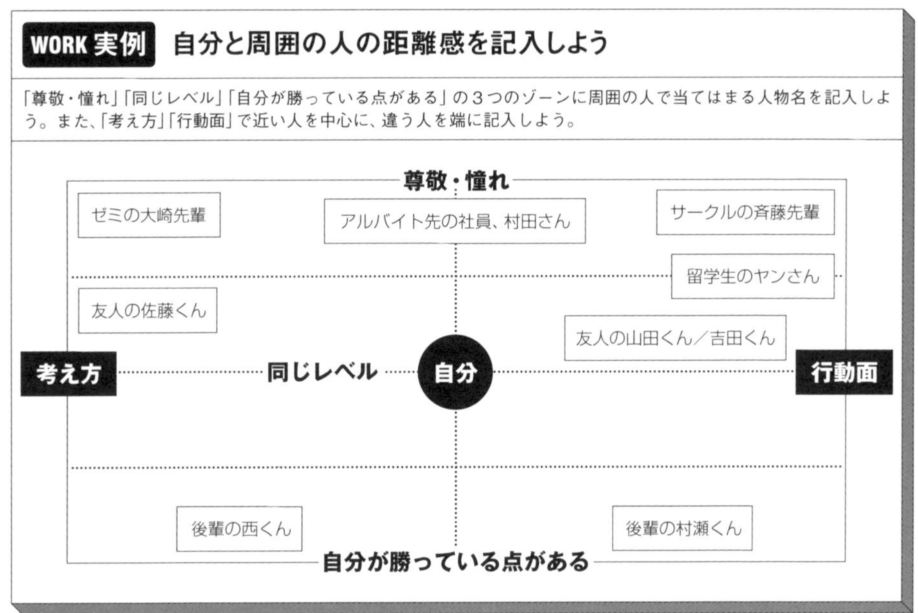

WORK 実例　各ゾーン／コメントシート

「尊敬・憧れ」「同じレベル」「自分が勝っている点がある」の各ゾーンのコメント記入欄に、なぜそのゾーンを選んだのかを具体的にメモしてみよう。先輩や友人などの他者に対する自分の思いを通して、自分を確認することができます。

「尊敬・憧れ」ゾーン

名前	行動面・考え方で、尊敬する・憧れる部分について
村田さん	他の社員からも尊敬されているのが分かる。どんな質問をしても明快な答えが返ってきて、仕事の全体を隅々まで把握していることと、常に自分の方針を持っていることが分かる。また、仕事の進め方も一流と感じるし、結果も伴っている。頭脳と行動のバランスがとれている。
大崎先輩	先輩なのに、まったく偉ぶったところがない。斉藤先輩のように押し出しは強くないが、メンバーから認められている。雑用的なことも後輩に押しつけず、一緒に取り組んでくれる。知っている人の中で一番面倒見がよく、接しやすい先輩。大崎さんのように自然と慕われる人になりたい。
斉藤先輩	100人ものサークルを引っぱる先輩は文句なしにすごい。また、先輩を悪くいう陰口を聞いたことがない。更に他大学の人とも広い交流関係があり、合同の企画を主催したりもしている。大学という枠に収まっていない先輩の大きさを尊敬し、少しでも近づきたい。
ヤンさん	学費を稼ぐアルバイトがとても忙しいにもかかわらず、常に授業に参加し、また、よく勉強している。そして明るい。異国の地であっても、これだけエネルギッシュに頑張る姿に脱帽。負けられないとは思っている。

「同じレベル」ゾーン

名前	行動面・考え方の似ている部分について
山田くん 吉田くん	成績も行動レベルも似ている。授業・サークル・アルバイトと普通の大学生で、ヤンさんと比較すると何か特別なものはない。自分と一緒。何かひとつでも、これといったものを持たなければその他大勢の大学生で終わってしまう。
佐藤くん	司法書士を目指していつも勉強している。おそらくサークルやアルバイトでは、自分のほうが活発に活動しているだろうが、勉強では太刀打ちできない。ノートを借りるといつも要点が分かりやすく書き込まれている。大学のうちにいっぱい資格を取っておきたいと明確な目標を持っている点では、自分より自律性を持っている。

「自分が勝っている点がある」ゾーン

名前	行動面・考え方で自分が勝っている部分について
西くん	サークル活動の参加態度を見ていると、特別に思い入れを持っているわけでもないことが分かる。サークル以外での姿は知らないが、参加した時くらいは積極的にかかわればいいのにと思う。やる以上は積極的にかかわるという考え方では、自分のほうが勝っているのではないか。
村瀬くん	引っ込み思案なところがあり、ちょっと影が薄い。仕事を任せればちゃんとやれているだけに、ちょっと損をしているタイプだと思う。自分は、周囲への存在のアピールという面ではしっかり行えているのではないか。

▼「WORK実例」を参考に実際に書き込もう▼

WORK 自分と周囲の人の距離感を記入しよう

尊敬・憧れ

考え方　同じレベル　自分　行動面

自分が勝っている点がある

「尊敬・憧れ」ゾーン

名前	行動面・考え方で、尊敬する・憧れる部分について

「同じレベル」ゾーン

名前	行動面・考え方の似ている部分について

「自分が勝っている点がある」ゾーン

名前	行動面・考え方で自分が勝っている部分について

WORK 16 目指す人物像を設定しよう

周囲の人と自分の距離感を確認してみると、自分の特徴や目指す部分が浮かんでくるだろう。

はい。特に似た友人を通して、自分がいかに普通・平凡な学生かが分かりました。こんな自分で大丈夫ですかね、就職活動…。

平凡であっても、劣っているわけではないぞ。大切なのは「自分で自分を生かしきれていないのではないか」という問題意識を持つことだ。もっと意識を高く持てば、「尊敬・憧れ」ゾーンに位置している人のように成長できるんだ。まずは誰を目指して頑張るかを考えてみよう。

POINT!

▶平凡であっても劣っているわけではない。今後の努力が重要

WORK実例 目指す人物像設定シート

自分から離れた人を目標に設定するのではなく、ちょっとした努力で近づけそうな人を選ぼう。自分のタイプに近い人を選んだほうが、のびのびと頑張っていくことができる。

目指す人物	目指す人に近づくために行う行動や新たな意識
ヤンさん	ゼミも授業も受講しているものはしっかりと取り組む。また、ゼミではヤンさんともっと会話し、レポート作成も一緒に行わせてもらって、少しでも追いつく。 とにかく、ゼミに関しては今の何倍もの意識で取り組み、ゼミに関してだけは胸を張って勉強している、と言えるようになる。

▼「WORK実例」を参考に実際に書き込もう▼

WORK 目指す人物像設定シート

目指す人物	目指す人物に近づくために行う行動や新たな意識

WORK 17

客観的な数字による自己整理をしよう

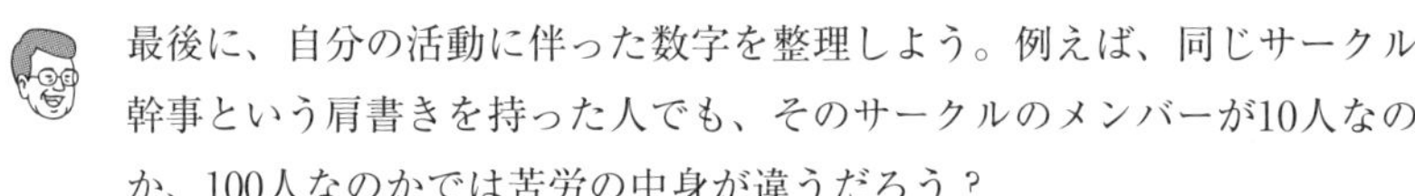

最後に、自分の活動に伴った数字を整理しよう。例えば、同じサークル幹事という肩書きを持った人でも、そのサークルのメンバーが10人なのか、100人なのかでは苦労の中身が違うだろう？

確かに！　例えば資格の勉強に一生懸命頑張る人も、１日何時間勉強しているのか、週に何日勉強しているのかで勉強方法も違いそうですね。

加えて、数字はアピールしたいことを分かりやすく伝えてくれる。ESや面接の時に役立つ取り組みでもあるんだ。例えば、「10年間書道を続けています」ならば継続性を持っていることを伝えられるし、「短期のアルバイトを30種以上行いました」ならばチャレンジ精神やのみ込みの早さを伝えられるね。

なるほど～。「書道に一生懸命取り組みました」「アルバイトをたくさん頑張りました」などの表現とは比べ物にならないアピール力を持っていますね。僕は友人の多さが自慢なので、まず友人の数を携帯電話の住所録で数えることから始めてみます！

POINT!

- ▶ **数字面からのチェックは、客観的な自己確認作業に役立つ**
- ▶ **数字を使うと自分を伝える上での説得力が増す**

▼実際に書き込もう▼

WORK 客観的な数字による自己整理をしよう

自分に関連することを振り返って、各項目の数を記入しよう。

	項目	数値記入欄
01	友人（先輩、同期、後輩）の人数	
02	アルバイトの経験数・経験年数	
03	成績でのＡの数	
04	これまでのアルバイトで稼いだ金額	
05	大学の授業料と自分で払った金額	
06	趣味に関するデータ（旅行回数、経験年数など）	
07	取得した（挑戦中も含む）資格の数	
08	部活・サークルのメンバーの数	
09	部活・サークルの試合の戦績	
10	企画したイベントに動員した数	
11	学園祭の模擬店での売り上げ金額	
12	大学の授業や資格に向けての１日の平均勉強時間	
13	アルバイトの週平均勤務時間	
14	部活・サークルの週平均活動時間	
15	ダブルスクールの週平均授業時間	
16	ダブルスクールの授業料と自分で稼ぎ、払った金額	
17	留学費用、それを自分で稼ぎ、払った金額	
18	アルバイトで指導した後輩の人数	
19	アルバイト先の１日当たりの接客数	
20	アルバイト先の１日当たりの売り上げ金額	
21	自分の提案でアップしたアルバイト先の売り上げ金額や来客数	
22	これまで最も長く取り組んできたこととその年数	
23	その他	

MEMO

第3章

自己分析Ⅲ：自己分析のまとめ

WORK 18 パーソナリティの確認

分析してみると自分って複雑で、幅広く、奥深いものなんですね。

そうだね。そこで、ここからは分析できた自分をまとめる作業に入ろう。まずはパーソナリティの確認からだ。「パーソナリティ自己採点表」で、各項目に対して自分がどのくらい自信を持っているのかを５点満点で採点してみよう。

POINT!

▶得点傾向から自分のパーソナリティをつかむヒントを得よう

WORK パーソナリティ自己採点表

Ａ～Ｄの各列の項目を、非常に自信がある＝５点、自信がある＝４点、普通＝３点、あまり自信がない＝２点、まったく自信がない＝１点という基準で得点をつけ、各列ごとに必ず５点をつけるものを見つけてください。集計後、各列においてどんな得点傾向になるかがポイントとなります。

A列	点	B列	点	C列	点	D列	点
自立性		協調・協力姿勢		完遂力		創意工夫	
積極性		配慮（親切・思いやり）		計画性		問題意識・解決志向	
こだわりの強さ		貢献・利他心		忍耐力		論理性	
リーダーシップ		当事者意識		時間・行動管理力		情報収集・視野の広さ	
自己研鑽		適応力		継続力		改革・改善意識	
率先力		柔軟性		目標設定姿勢		アイデア提案力	
チャレンジ精神		礼儀・社会性		丁寧な取り組み		探究心	
意思決定力		尊重姿勢		自己反省姿勢		没頭力	
A列の得点合計		B列の得点合計		C列の得点合計		D列の得点合計	
点/40点		点/40点		点/40点		点/40点	

WORK　あなたのパーソナリティは?

「パーソナリティ自己採点表」で確認したA～Dの各列のパーソナリティの特徴を以下に記載しています。合計得点が高い列が現在のあなたのタイプを表しているので、自分のパーソナリティの特徴を確認してみてください。最も得点の高い列が自覚するパーソナリティと一致している場合は、それぞれの項目の中で低い得点のものがないかをチェックし、今後強化していきましょう。また、総得点は低いが、将来的に目指したいパーソナリティもあるはずです。この場合は、どの項目に対する自己採点が低いかを確認して、それぞれの強化を意識しましょう。

	列の特徴
A列のパーソナリティ	「あなたは、**主体行動性**を大切にしているタイプです」 主体性とは、自分自身の意志や判断をもとに行動を決定することであり、また、このタイプは、フットワークの良さが伴っています。
B列のパーソナリティ	「あなたは、**組織形成性**を大切にしているタイプです」 組織形成性とは、複数人での行動を調和させることであり、また、このタイプは、個よりもチームとしてのまとまりに重きを置いています。
C列のパーソナリティ	「あなたは、**自律性**を大切にしているタイプです」 自律性とは、自分が立てた（認めた）目標やルールを遵守しながら行動することであり、また、このタイプは、モチベーションを安定的・継続的に維持できるタイプです。
D列のパーソナリティ	「あなたは、**クリエイティブ性**を大切にしているタイプです」 クリエイティブ性とは、新たな価値を生みだす、既存のものを向上させる行動であり、また、このタイプは、オリジナリティを重視するタイプです。

WORK 19 パーソナリティ要素に当てはまるシーンを記入しよう

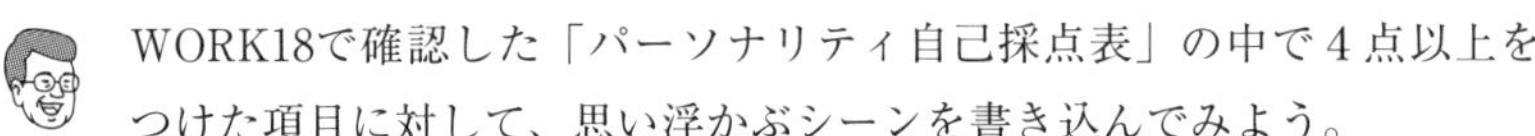

WORK18で確認した「パーソナリティ自己採点表」の中で4点以上をつけた項目に対して、思い浮かぶシーンを書き込んでみよう。

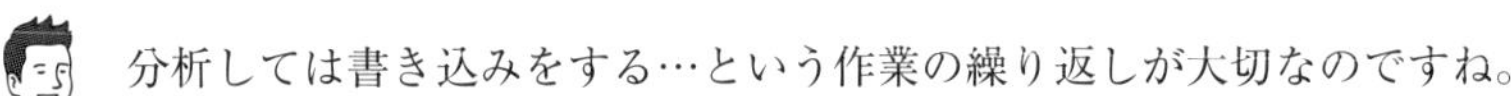

分析しては書き込みをする…という作業の繰り返しが大切なのですね。

そうなんだ。この作業の繰り返しで自己分析が深まると同時に自分の意識に刻まれるから、面接の時に話題豊富に語れるようになるための訓練にもなっているんだ。更に、このように細分化したレベルで自分を把握しておくと、志望する企業や職種にふさわしいネタを選んでアピールできるようにもなるんだよ。

POINT!

▶さまざまな切り口で自己分析を繰り返し、自己認識を深めよう

WORK実例 パーソナリティ要素に関連するシーンを記入しよう

4点以上をつけた項目名と点数を書き込み、それぞれの項目に関連した具体的な経験、シーンを書き込もう。

A列：主体行動性	B列：組織形成性	C列：自律性	D列：クリエイティブ性
自立性 5点 海外旅行に必要な資金を自力で貯め、手続きもすべて自分1人で行った。	**協調・協力姿勢 5点** サークルでもアルバイトでも、中高の部活でも、常に仲間と良い関係を保てている。	**丁寧な取り組み 4点** 性格は大ざっぱなほうだと思うが、アルバイト先の皿洗いやトイレ掃除など、けっこう丁寧にできていると思う。	**創意工夫 4点** 体力をつけるトレーニングでは、近所の階段や自宅にある道具を使うなど、工夫した。
積極性 4点 練習では、誰よりも早くグラウンドに出て、頑張った。	**配慮（親切・思いやり） 4点** サークルでもアルバイトでも、特に後輩の面倒をよくみた。	**自己反省姿勢 4点** アルバイトを始めた頃、社員から指摘を受けることも多々あったが、その都度、きちんと反省し、そして練習等を行い、できるようになっている。	**問題意識・解決志向 5点** アルバイト先の売り上げが落ちたのを回復させようと、チラシ配りや接客レベルの向上を通して努力した。

▼「WORK実例」を参考に実際に書き込もう▼

WORK パーソナリティ要素に関連するシーンを記入しよう

A列：主体行動性	B列：組織形成性	C列：自律性	D列：クリエイティブ性
「　」点	「　」点	「　」点	「　」点
「　」点	「　」点	「　」点	「　」点
「　」点	「　」点	「　」点	「　」点
「　」点	「　」点	「　」点	「　」点
「　」点	「　」点	「　」点	「　」点

WORK 20 今日から内定までの成長目標を設定しよう

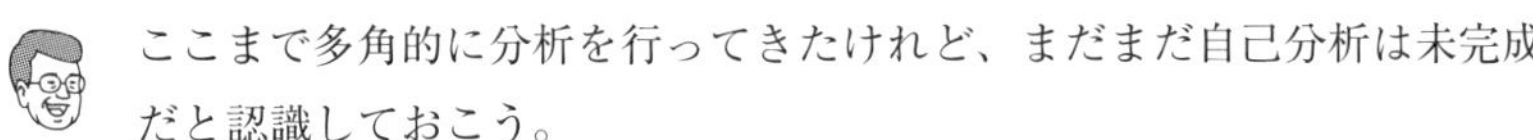

ここまで多角的に分析を行ってきたけれど、まだまだ自己分析は未完成だと認識しておこう。

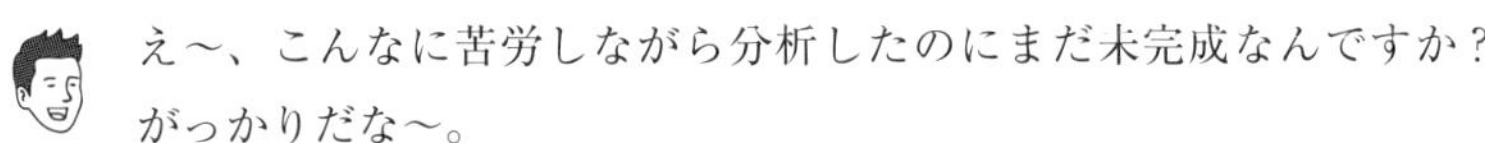

え～、こんなに苦労しながら分析したのにまだ未完成なんですか？がっかりだな～。

自己分析とは、経験を積むことを放棄しない限り永遠に未完成なんだ。そこで、WORK18で採点した「４点以上の要素から更に強化する」もの、「３点以下から改善する」ものから目標を設定し、君の成長にも自己分析を役立てよう。

POINT!

- **▶成長を続けるからこそ、自己分析は永遠に未完成であるべき**
- **▶自己分析の結果を明日の成長につなげる糧とすることが大切**

WORK実例 今日からの目標を書き込もう

１年～数年先を目指しての目標を持つことも大切ですが、この就職活動を強く意識して、小さな目標、身近な目標で構わないので、今日からすぐに取り組める短期的な目標を設定しましょう。

	パーソナリティ項目	今日から実践する取り組み目標
強化目標	積極性	就職活動では企業に対する積極的なアプローチが大切と聞いているので、この長所を更に強化して内定を獲得したい。積極的に社員訪問をしたい。
	アイデア提案力	アルバイト先で更に提案を増やして、面接でアピールするネタを増やし、一挙両得を狙いたい。
改善目標	計画性	就職活動の業界研究や会社訪問に加え、アルバイトやゼミにもしっかりと取り組むことを通して計画性を高めて、就活が終わる頃には長所の一つと言えるようになりたい。
	時間・行動管理力	スケジュール帳を小まめにチェックし、1日、週単位でしっかりと取り組みたい。また、無駄に過ごす時間を減らし、意味ある時間を増やしたい。

▼「WORK実例」を参考に実際に書き込もう▼

WORK 今日からの目標を書き込もう

	パーソナリティ項目	そのために、今日から実践する取り組み目標
強化目標		
改善目標		

WORK 21 よく質問される5大特徴をおさえておこう

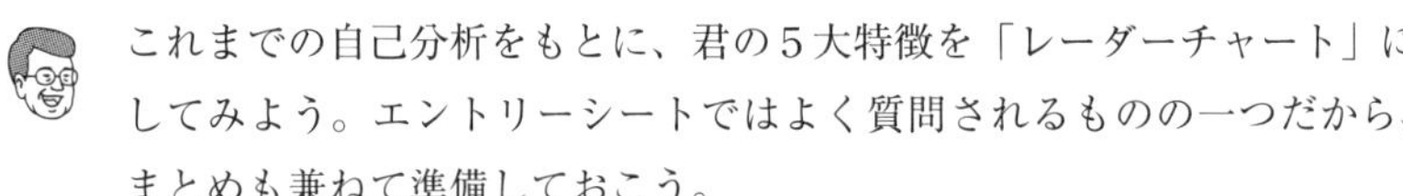

これまでの自己分析をもとに、君の５大特徴を「レーダーチャート」にしてみよう。エントリーシートではよく質問されるものの一つだから、まとめも兼ねて準備しておこう。

うわっ、５つも特徴を挙げなくてはならないのですか？　え〜と、僕の場合は積極性とか適応力とか…。

長所・特徴のキーワードばかりではなく、５つのうち最低１つは、価値観から導き出したことわざ・名言も入れてみよう。

POINT!

▶5大特徴はエントリーシートの頻出質問の一つ

WORK 実例　5大特徴・レーダーチャート

これまでの自己分析をもとに自分の特徴を５つ書き出し、それぞれの特徴についての自己採点をしてみよう。（５点満点）

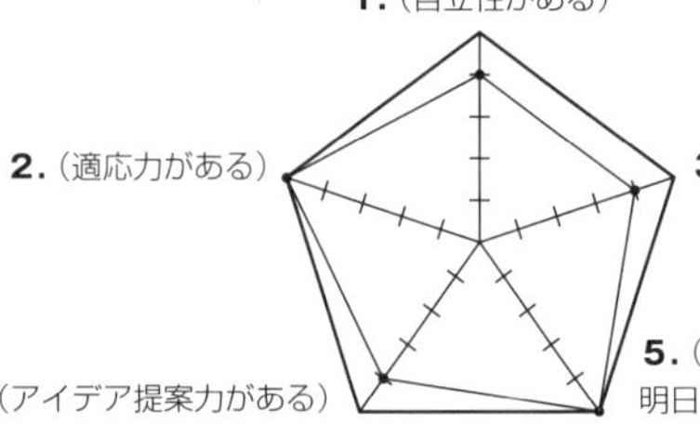

それぞれの項目について、周りの人から推薦のひと言をもらおう

1	お小遣いはまったくあげていません。（両親）
2	新入部員の中ですぐに中心的な立場になった。（サークルB先輩）
3	海外旅行の話をしてから、半年後にはお金を貯めて実行したのには驚いた。（友人Y）
4	メニューや値段、集客についていろいろとアイデアを出してくれている。（社員M）
5	合宿の契約問題が起きた時、責める部員も多い中で一緒になって解決に向けて奔走してくれた。（友人Nと後輩S）

WORK 5大特徴・レーダーチャート

1.（　　　　　　　　）

2.（　　　　　　　　）

3.（　　　　　　　　）

4.（　　　　　　　　）

5.（　　　　　　　　）

それぞれの項目について、周り人のから推薦の一言をもらおう

1	
2	
3	
4	
5	

WORK 22 自己分析と企業をつなぐ「志」

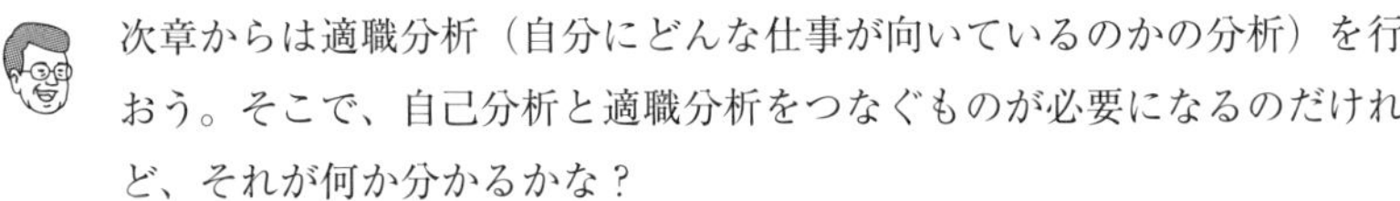
次章からは適職分析（自分にどんな仕事が向いているのかの分析）を行おう。そこで、自己分析と適職分析をつなぐものが必要になるのだけれど、それが何か分かるかな？

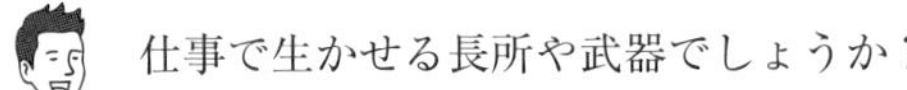
仕事で生かせる長所や武器でしょうか？

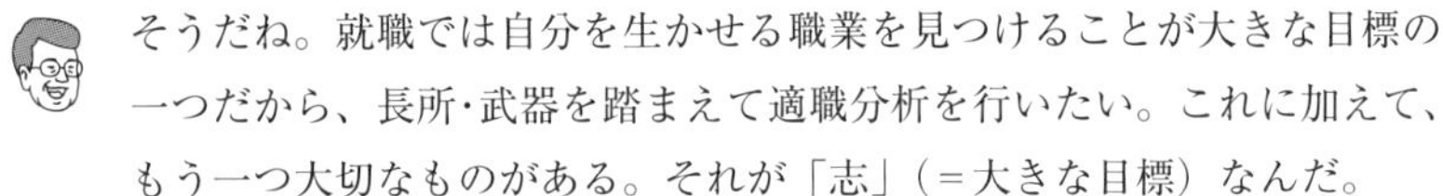
そうだね。就職では自分を生かせる職業を見つけることが大きな目標の一つだから、長所･武器を踏まえて適職分析を行いたい。これに加えて、もう一つ大切なものがある。それが「志」（＝大きな目標）なんだ。

なぜ、職業の選択に志が必要なのですか？

何十年もの時間をかけて取り組むのが仕事だからだよ。

でも、志と言えるほどのものを持ったことがないんで、見当もつきません…。

そこで、企業の志（＝経営理念・社是等）を材料にして、自分がひかれるキーワードや内容は何かを分析しよう。これによって君が仕事で設定する志のヒントを得られるはずだ。

POINT!

- ▶「志」とは達成すると心に決めた大きな目標のこと
- ▶「志」を持って取り組める会社・仕事を発見しよう
- ▶「志」の有無、一致を重視する企業も多い

▼実際に書き込もう▼

WORK 企業理念・経営理念一覧

以下は実際の企業の企業理念・経営理念を参考に、その概念を分かりやすく説明したものとなっています。この中から共感できる理念やキーワードを探して、チェック欄に○をつけてみましょう。目的は企業選びではなく、自分が共感する志の方向性やキーワードをイメージすることが大切です。

企業理念・経営理念一覧	チェック
大手半導体メーカー「独自技術で最先端の分野を切り拓くことにこだわる」	
大手食品メーカー「明日のよりよい生活と食と健康のために地球規模で貢献することを目指します」	
大手医薬品メーカー「患者様だけでなく、生活者を含めた世界中の人々のヘルスケアニーズの充足を目指す」	
大手アミューズメント会社「自由な発想をもとに、夢・感動・喜び・やすらぎを提供します」	
大手石油会社「地球環境との調和を図りながら、人類の持続的発展を目指します」	
大手電力会社「豊かな生活と快適な社会環境の基盤となるエネルギーの安定供給を目指します」	
大手損害保険会社「お客様の信頼を事業活動の基本として、"安心と安全"の提供を通して社会生活と経済の発展に貢献する」	
大手自動車メーカー「グローバルな経済活動において、各国・地域の文化、慣習を尊重しながら経済・社会の発展に貢献する」	
大手地方銀行「地域社会の繁栄に貢献することが、銀行の発展と行員の幸福となる」	
大手商社「品格ある行動を貫き、活動の公開性、透明性を大事にする」	
大手運輸会社「社会的インフラとしての物流ネットワークの高度化、サービスの創造、革新的な物流システムの開発を通じて、豊かな社会の実現に貢献します」	
大手銀行「お客様の信頼と信用を大切にして、国内外を問わずお客様の多様なニーズに的確・迅速に応える」	
大手通信会社「情報技術で、新しい"仕組み・価値"を生み出し、より豊かで調和の取れた社会の実現に貢献する」	

WORK 23 現在・過去・未来の自分を確認しよう

これまでに各WORKごとに分析してきた結果を一覧できるようにまとめてみよう。これにより視覚的に確認できるようになり、分析結果を暗記するのではなくイメージ化できるはずだ。

WORK実例 現在の長所・特徴まとめワーク

これまでの自己分析結果を改めてまとめ、自分の知識や特徴を一覧できるようにしよう。枠の中に入る範囲で、自分の中で優先順位をつけて記入すべきものを選んでみましょう。あなたにとって特に重要なキーワードやシーンが一覧化されます。各タイトルの後の（　）内には、どこで分析を行ったかが示されています。

共感する「志」キーワード（WORK22）
大手半導体メーカー「独自技術で最先端の分野を切り拓くことにこだわる」
大手商社「品格ある行動を貫き、活動の公開性、透明性を大事にする」

ゼミ・研究専門知識（WORK04）
種子の交配と気候・土壌に対する知識を持っている。また、複数のデータを分析する能力も高まった。

4つのパーソナリティ順位（WORK18）
主体行動性（2）組織形成性（1）
自律性（4）クリエイティブ性（3）

価値観（WORK08）
好機逸すべからず

自認する長所（WORK03&18）
人当たりが柔らかく、面倒見が良い

エピソード（WORK03&13&19）
指導係を任された。その新人から、「不安だったけど、お陰でやっていけそう」と言ってもらえた。

他から認められた長所（WORK13）
忍耐力

エピソード（WORK03&13&19）
夏休み、ロングのシフトを中心につめこんで働ききった。

あなた

弱点と改善すべき点（WORK03&13）
感覚的な性格、柔軟性に欠ける。

武器といえる長所（自己分析を通して発見した特に自信のある長所）
自立性、率先性、アイデア提案力

エピソード（WORK03&13&19）
競合店を調査し、メニューや価格の提案を行い、3種類が採用された。

数多くの隠れた長所（WORK10）
・失敗した時は、すぐに頭を下げられる。
・上下関係に慣れている。

自分が持っている面接官の求める意識（WORK14）
・チームや仲間を支えるという気概を常に持っている。
・自分の考えを持つこと、主張することを大切にしている

▼「WORK実例」を参考に実際に書き込もう▼

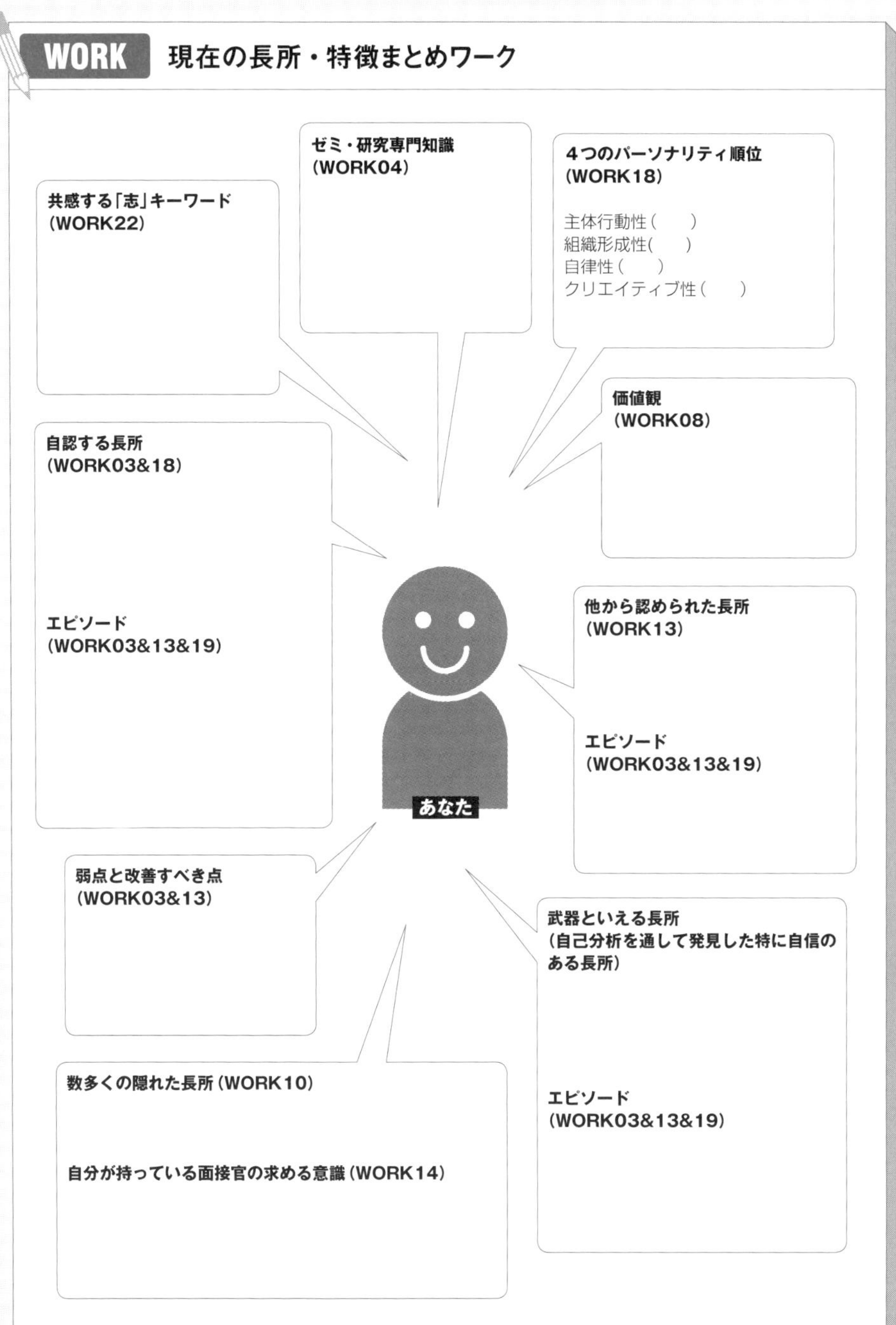

WORK実例 成長軌跡&目標まとめワーク

まず、高校までのあなたの長所・特徴を、次に大学生活を通して得た成長や自信を、最後に、憧れ・尊敬する人などを参考に自分が今後目指したい人間像を順番に記入し、自分の過去～現在の成長軌跡を確認すると同時に、未来に向かって成長を続ける自分を描きましょう。

高校までの私の特徴

WORK05を参考にして、高校以前のあなたの特徴をまとめましょう。特に小学校・中学校時代のあなたは、あなたの本質的な特徴を表していることが多いのです。あなたの基礎ともいえる特徴をまとめておきましょう。

高校までの私の特徴

・疑問に思うと納得いくまで追求できていた
・目標の実現に向けて計画的に学習できていた
・社会に対し関心を持てていた
・仲間と熱くなって目標を追いかけていた
・文武両道を理想としていた

大学生活で得た成長・自信

WORK03を参考にして、大学生活での成長や自信を持ったことをまとめましょう。大学生活を通して経験や視野を広げられたのは、あなたの自主的な目標設定や行動があったからです。それだけに、高校以前の成長や自信に比較して価値が高いと言えるのです。

大学生活で得た成長・自信（高校時代と今の自分を比較してみよう）

・誰とでもコミュニケーションできる力がアップした
・きつい仕事も頑張れる自信がついた
・取り組む以上は責任ある立場に就きたいと、前向きな考えができている
・自己中心の考えが薄れ、相手の立場に立つことを中心に置けるようになった

これから目指したい自分像

WORK15&16を参考にして、自分の今後の成長目標像を描きましょう。企業が求めているのは、大きな伸びしろを持った人です。成長目標像を示すことで成長意欲の強い自分をアピールしましょう。

これから目指したい自分像

・頭脳と行動のバランスのとれた自分
・偉ぶらず、後輩を支える立場で頑張れる自分
・今の2倍も3倍もエネルギッシュに行動できる自分

▼「WORK実例」を参考に実際に書き込もう▼

WORK 成長軌跡&目標まとめワーク

高校までの私の特徴

大学生活で得た成長・自信（高校時代と今の自分を比較してみよう）

これから目指したい自分像

WORK 24

前向きに自分を捉える大切さ

最後に、次の「否定形チェックシート」に取り組んでほしい。

（あれ、序章で取り組んだような…!?　ひとまずやってみるか）
終わりました。

どうだろうか？　序章の最後に取り組んだチェックシートでは「たくさんの長所がある」「大学生活は有意義に過ごせている」と質問されていたので、謙虚な人ほど「普通だから、たくさんというほどではない」「普通だから、有意義というほどではない」と低く採点し、結果として「消極的な自己評価」となっていたはずだ。それに対して、「短所しかない」「有意義ではない」と否定形で質問されると、「そんなことはない」と感じ、結果として有意義である、成長できているという肯定的な評価になったはずだ。この結果から、質問のされ方の違いで、人は自分を肯定的にも否定的にも捉えることが分かるね。
これまでの自己分析で成長した自分を確認できたのだから、今後は質問のされ方にかかわらず、自分を前向きに評価するよう意識してほしい。就活では、自己に対する前向きさの差が、大きな印象の違いとなって採用担当者に伝わるだけに、とても大切なことなんだよ。

はい。自分を否定的に捉えたって仕方ないですもんね。それに、平凡でも充分に大学生としての水準にあることや将来の伸びしろを持っていることが認識できたので、胸を張って就活を頑張ろうと思います。

POINT!

- ▶否定的に、過小に自己評価するのは損
- ▶「自分はできる！」と積極的に自分を評価しよう
- ▶企業は自分を前向きに評価する人材を求めている

▼実際に書き込もう▼

WORK 否定形チェックシート

全く当てはまらない＝５点、どちらでもない＝３点、すごく当てはまっている＝１点で得点をつけてみましょう。

チェック項目	得点（5点満点）
私には短所しかない	
大学時代は有意義ではない	
高校時代に比較して成長できていない	
社会や企業から認められるものがない	
人と共同作業することが得意でない	
人に頼らず行動できない	
自己管理ができない	
アイデアが豊かでない	
周囲から信頼されていない・親しまれていない	
未来は明るくない	

MEMO

第4章

適職分析を行おう

WORK 25 適職分析に取り組もう

適職分析とは、「自分が特に興味を持っている業界」「自分に適している職種」「自分の価値観や志と一致する会社」を探すための取り組みであり、業界・職種・会社研究の基盤となるものだ。

ということは、この適職分析によって自分が志望すべき業界・職種・会社の候補が浮かび上がってくるということですね。さっそく、適職分析したいです。

おっと、その前に、まずは広大なビジネス社会に目を向け、基本的なことを理解することから始めよう。視野が狭いままでは、分析から導き出されるせっかくのヒントを生かせないからね。そこで、必要なのが「業界理解」だ。業界とは何百万社とある会社を事業内容でグループ化したものだ。例えば、自動車関連の会社は自動車業界、銀行や証券などは金融業界などとグループ分けすることができるんだ。

その業界や仕事の内容を知るにはどうするのが良いんですか？

例えば、マイナビのWEBサイトでは業界、業種といった分類やフリーワードなどで検索しながら企業研究が進められるんだよ。

ものすごい数の会社があるんですもんね！　どんな仕事があるのか、調べるのも楽しみです！

POINT!

- **▶適職分析は自己分析の一種**
- **▶適職分析は、業界・職種・会社選びの方向性を示してくれる**
- **▶最後に必要なのは自分自身での「絞り込み」と「決断」**

WORK 実例 ビジネス社会への理解を深めよう

例えば、「デジカメ」の場合、以下の相関図のように、その製品が消費者に届けられるまでには、さまざまな業界の会社がかかわりを持っています。ここでは自分の興味ある商品などを例に挙げて、それが手元に届くまでにはどのような業界の会社がかかわりを持っているか、調べて書き込んでみましょう。

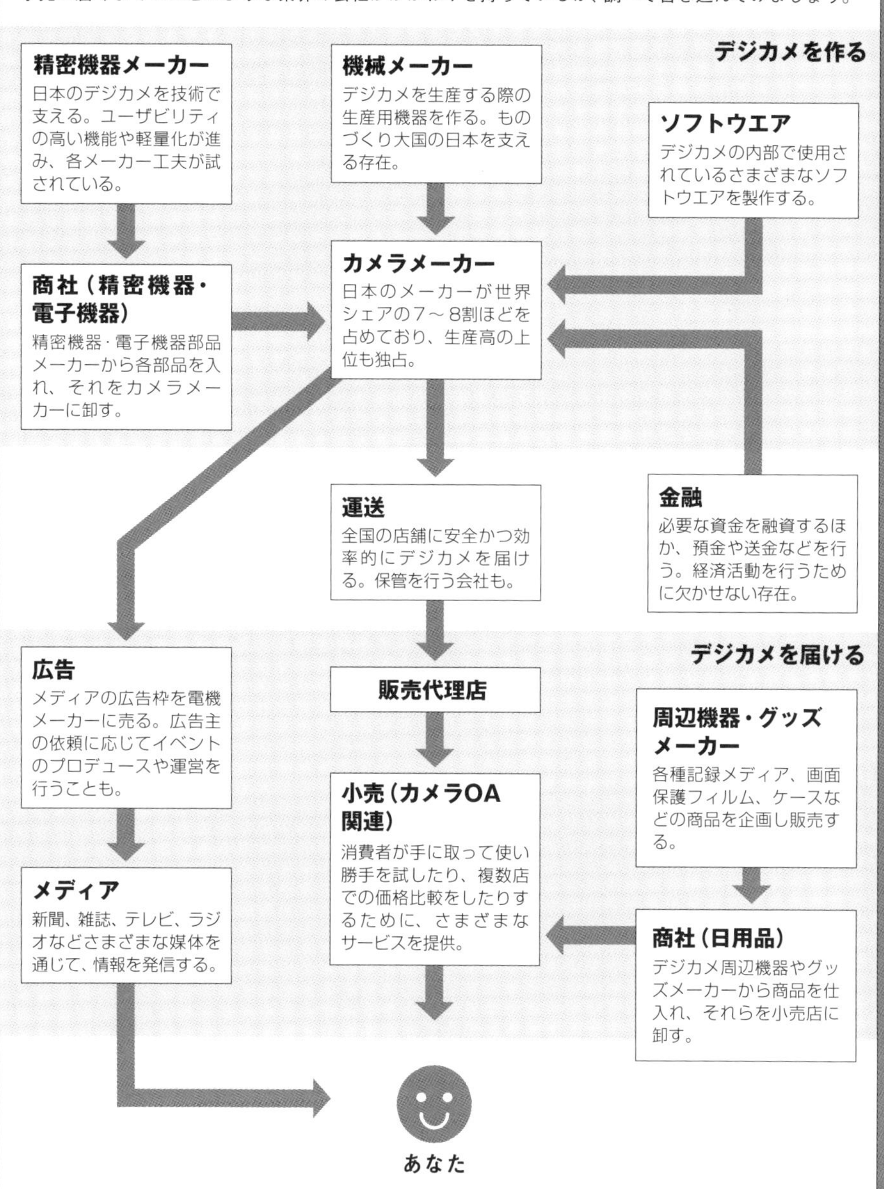

▼「WORK実例」を参考に実際に書き込もう▼

WORK ビジネス社会への理解を深めよう

気になる会社や製品を中心において、関連する業種・会社を書き込んでみよう。

あなた

WORK 26 業界志望分析①社会分野からの分析

では、この広いビジネス社会の中で目指すべき社会や、研究するべき業界の候補をピックアップするための適職分析に取り組もう。

でも、働いたこともないのに果たしてピックアップなんてできるんでしょうか？

君が興味を持っている対象を探ることから始めればいいんだよ。そこで、新聞の紙面構成を参考にして世の中の事象を大きく6分類し、それぞれを解説したシートを用意したので、その中から興味を持っているものを選んでみよう。

政治、経済に国際…、言葉としては分かるんですが、具体的にイメージがわかないんです…。大学生としては、これでは問題でしょうか…？

ちょっと問題だね。でも、これから頑張ればいいんだ！　今日から数日間、新聞のすべての紙面に目を通し、興味を持った見出しの記事をすべて読んでみよう。この作業をするだけでも、自分の興味の方向性がつかめてくるはずだよ。

POINT!

- **興味がある業界の分析・研究には一生懸命取り組めるはず**
- **新聞は社会のさまざまな動きを確認できる便利な適職研究ツール**

▼ 実際に書き込もう ▼

WORK 6つの社会分野の分析

自分が興味を持っている社会分野を選んでみよう。
ある＝○　少しある＝△　ない＝×

政治
政治は、国の進路を決定する。よって、経済・会社・人々の暮らしに深い影響を与えている。ビジネスでは規制や支援に関する政治の動きを読み、素早く手を打つ必要がある。 □

国際
各国の政治・経済状況が密接に連携し、影響を及ぼし合っている。協調・摩擦などの状況を把握していなければ、国外・国内にかかわらずビジネスでは生き残れない。 □

経済
景気、物価、商品市況等、変動する経済情勢を読み、リスクヘッジ、または、ビジネスチャンスへとつなげてゆく。また、広い視野で消費者の嗜好などの変化を把握することが大切。 □

心の豊かさ（教養・文化・芸術など）
経済だけでなく、内面・心の豊かさも重視しなくてはならない。自分磨きへの関心が深まっている。また、文化・芸術は世界に発信できる、価値の高い日本の大切な資源である。 □

人々の暮らし
格差社会が広がる中、当たり前の日々の暮らしを、いかに底上げするか、充実させるかが大切。低価格だけが魅力ではない商品や新たなサービス分野の開発が大切。 □

地域
地域格差が広がる今、私たちの生活基盤である地域の財政・雇用状況などにも目を向けたい。最近では、地元の特産品などに光を当て、ブランド価値を加えていく動きが活発化している。 □

WORK 6つの社会分野に関連する業界の例

興味のある社会分野に関連する業界を確認しよう。

興味分野	各分野に関連する業界
政治	司法・立法・行政機関、政党、マスコミ、行政に関連する団体・法人
国際	中央省庁、国連・ユニセフ等の国際機関・協会、外交政策等にかかわる団体、物流（港湾・空港）、グローバルに展開するメーカー・商社
経済	経済・経営に関するシンクタンク、商工会議所、行政機関、公認会計士等専門コンサルタント、マーケティング、広告、証券等取引所、証券・銀行
心の豊かさ（教養・文化・芸術等）	出版・印刷、塾・学校・資格専門学校、通信教育、フィットネスクラブ、書店、美術・博物館・音楽ホール、インテリア、理容・美容、映画・音楽・芸能、小売（デパート）、宝飾品、空間デザイン・ディスプレイ
人々の暮らし	住宅メーカー、不動産仲介・販売、食品、旅行、レジャー、医療、冠婚葬祭、小売（スーパー、コンビニ、ホームセンター）、クレジット、宅配、農業・漁業、日用品・雑貨関連、卸売市場
地域	地元の金融機関、新聞・出版、地方公共団体・警察・消防、商工会議所、旅行・観光、農協・漁協

▼ 実際に書き込もう ▼

WORK 社会分野に興味を持った理由

「6つの社会分野の分析」「6つの社会分野に関連する業界の例」の内容も参考にしながら、その社会分野に興味を持った理由や、注目しているニュースの内容をメモしましょう。

興味を持った社会分野	その社会分野に興味を持った理由
政治	
国際	
経済	

興味を持った社会分野	その社会分野に興味を持った理由
心の豊かさ（教養・文化・芸術等）	
人々の暮らし	
地域	

WORK 27 業界志望分析②事業フィールドからの分析

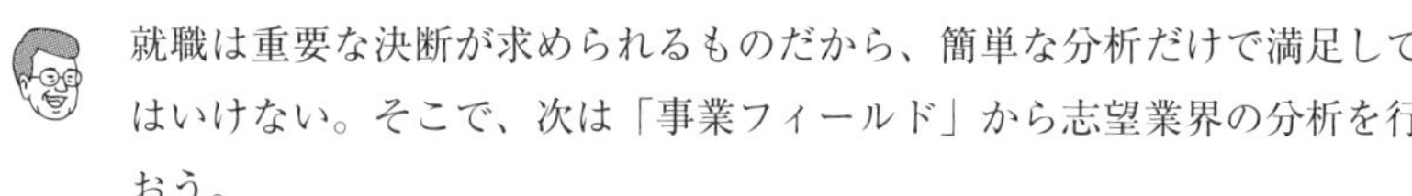

就職は重要な決断が求められるものだから、簡単な分析だけで満足してはいけない。そこで、次は「事業フィールド」から志望業界の分析を行おう。

事業フィールドとは何でしょうか？

簡単に言えば、ビジネスの舞台だ。各業界はそれぞれ得意な事業フィールドを持っている。例えば、ものづくりが得意な業界でも、完成品作りが得意な事業フィールド、精密な部品作りが得意な事業フィールドと分かれているんだ。更に、精密部品の中でも半導体、コンデンサー、イメージセンサなどに分かれるなど、事業フィールドは更に細分化されているんだ。そこで、ビジネス社会ではどんな得意分野を持つ事業フィールドがあるのかを学びつつ、君の興味対象を分析してみよう。そのために事業フィールドを大きく10分類したシートを用意したので、それぞれの説明を読み、関心を持った事業フィールドにチェックを入れてみよう。

POINT!

- ▶各業界には得意とする特徴的な事業フィールドがある
- ▶事業フィールドに対する視野を広げることは仕事理解にもつながる

▼ 実際に書き込もう ▼

WORK 事業フィールドチェックシート

関心を持った事業フィールドをチェックしてみよう。

事業フィールド	事業フィールドの説明	チェック
健康・生命	人々の健康に対する関心は強い。代表的な業界としては医療・医薬が思い浮かぶが、それだけでなく、健康食品・介護器具など、裾野の広い事業フィールド。国の重要なテーマである医療費抑制とも関連し、今後ますます発展が見込まれる。	□
余暇・癒し	休日の増加、ストレスの増大、一人暮らし人口の増加などにより、レジャーや自然とのふれあい、ペットへの関心は深まっている。また、スポーツ、芸術鑑賞など、趣味の充実を望む人も多い。格安旅行を提供するWEBサイトやコンピュータゲームなど、ITとも関係の深い事業フィールド。	□
公共インフラ	私たちの豊かで便利な生活は、電気、ガス、水道、道路、交通などの公共インフラの充実によって成り立っている。社会、経済、生活の土台と言える事業フィールドである。	□
コミュニケーション	この事業フィールドも生活や経済のインフラの一つで、例えばインターネットやスマートフォンによって、私たちの生活は飛躍的に便利になった。また、新聞やテレビによって、政治・経済を中心とした世の中の動向をを知ることができている。	□
ものづくり（完成品）	自動車、電気製品など、わが国の繁栄を支える事業フィールド。日本の技術力の高さは世界トップレベルであったが、昨今は大きな技術の変遷や他国の台頭により、その地位もおびやかされている。未来を読むグローバルな視点が、今まで以上に必要とされる事業フィールドと言える。	□
ものづくり（部品、素材）	ものを作るためには、品質の良い素材や付加価値の高い部品が必要であり、その土台と言える事業フィールド。日本には、ハイテクと呼ぶにふさわしい技術を持った企業が数多く存在するが、完成品の事業フィールドと同様に、グローバルな競争・変化にさらされている。	□
資源・エネルギー	ものづくりの土台となる部品や素材を生み出すためには資源とエネルギーが必要であり、これらを持たない日本では生命線とも言える事業フィールド。最近では、資源の価格高騰やレアメタルと呼ばれる希少金属の争奪戦が国家レベルで行われており、国と一体となって活動することが重要にもなっている。また、昨今ではCO_2を比較的排出しないエネルギー源の開発・導入が推進されている。	□
B to B	Business to Business（企業と企業の取引）は、消費者の立場からは見えにくいために、就職活動において見落としやすい事業フィールドと言える。個人を対象とした事業フィールドに比較して、大きな金額、多数のものが動くダイナミックさやスピードの速さが特徴。	□
B to C	Business to Consumer（企業と一般消費者の取引）は、私たちの生活に近い、見えやすい事業フィールド。外出をせずに娯楽や買い物、食事（デリバリー）を楽しむ巣ごもり消費など個人の消費パターンの変化によって、ネットショップや通販の台頭など、大きな変化が生じている。B to C、B to B、両方の部門を持った会社も数多く存在する。	□
自然環境	地球温暖化防止活動の盛り上がりを契機に、自然環境への注目度も高くなっている。その中で、わが国の国土の３分の２を占め、温暖化、災害防止、飲料水の供給などで大きな役割を果たしている森林の荒廃が問題として指摘されている。また、世界では砂漠化の防止、飲料水の確保、食糧問題に注目が集まっている。	□

WORK 事業フィールドに関連するビジネスキーワード

以下で例示したキーワードを参考に、関心を持った事業フィールドに属する業界をマイナビのWEBサイトなどを使って研究してみよう。

事業フィールド	関連するビジネスキーワード
健康・生命	医療、薬品、介護、健康食品・飲料・家具（医療用ベッドなど）、調剤薬局、スポーツメーカー、フィットネスクラブなどの施設
余暇・癒し	ホテル、旅行、アミューズメント、フードビジネス、ペット、菓子、音楽・映画、ゲームソフト、スポーツ用品販売、ホームセンター、酒造、インテリア、玩具、インターネットサービス
公共インフラ	電気、ガス、水道、陸・海・空運・鉄道・倉庫、建設
コミュニケーション	放送、電信電話、気象予報、新聞、インターネットプロバイダー・ポータルサイト
ものづくり（完成品）	自動車、船舶、建築機械、工作機械、電機、建設、住宅、アパレル、陶器
ものづくり（部品、素材）	製鉄、化学、電子部品、ガラス、ゴム、セメント、鉄鋼、紙パルプ、繊維、セラミック、シリコン
資源・エネルギー	石油、電気、ガス、プラントエンジニアリング、リサイクル、鉱業、スマートグリッド関連、次世代電池、太陽・風力等クリーンエネルギー関連、原子力関連、輸送（船舶）
B to B	商社、海運、空運、銀行、証券、ハイテクメーカー、 リース、ビル管理、IT、証券、損保、人材派遣・アウトソーシング、広告、倉庫、業界新聞、イベント企画、不動産デベロッパー（大規模オフィスビル）、経営コンサルティング、シンクタンク、事務・OA機器
B to C	アパレル、食品、住宅及びリフォーム・不動産、流通（スーパー・コンビニ、ドラッグストア、専門店）、セキュリティ、クレジット、生命・損害保険、銀行・証券、個人を対象としたITプラットフォーム
自然環境	林業、農業、漁業、アグリ（農薬・種子・バイオ）、環境エンジニアリング（排水処理・土壌浄化など）、ごみ処理・リサイクル

▼ 実際に書き込もう ▼

WORK 事業フィールドに興味を持った理由

なぜその事業フィールドに関心を持ったのか、その理由やきっかけとなる体験を書き出そう。

事業フィールド	関心を持った理由やきっかけ
健康・生命	
余暇・癒し	
公共インフラ	
コミュニケーション	
ものづくり（完成品）	
ものづくり （部品、素材）	
資源・エネルギー	
B to B	
B to C	
自然環境	

WORK 28 重視するポイントから職種志望分析に取り組もう

会社には、総務、人事、営業、経営企画、生産管理、SEなどさまざまな職種があって、その役割（職種）を社員が担当している。つまり、就職（入社）するということは、その会社の中で何かの役割（職種）を担当するということなんだよ。

ということは、せっかく複数の職種があるのですから、「採用されればどれでもいい」ではなく、可能な限り自分が重視することを満たした職種を選びたいですね。でも、職種選択にあたっては、何を重視すればいいんでしょうか？

重視することは一人一人が自由に持つものだから、私が「職種選択ではこんなことを重視しなさい」と指定することはできないが、これまでの就活生たちが重視していたことを「職種選択時に重視するポイント」チェックシートで紹介するからヒントにしてほしい。

POINT!

- ▶会社には複数の職種があり、それぞれの職種が連動している
- ▶経理、営業など、ほとんどの会社に存在する職種もあれば、バイヤー、MRなどのように、特定の業界・会社にしか存在しない職種もある
- ▶重視する項目を考慮して職種研究・選択を行おう

▼ 実際に書き込もう ▼

WORK 「職種選択時に重視するポイント」チェックシート

職とは就職後のあなたの具体的な仕事内容に密接にかかわってくるものだけに、自分なりに重視する切り口を考慮して選択することが大切です。まずは、以下の項目をもとにあなたの重視することに近いものを選んでみましょう。

重視するポイント	重視する理由の例	チェック
技能・技術が身につく	・手に職のつく仕事をしていれば、子育て後の再就職や転職に有利だと思うから。また、仕事を通して成長しているという実感を強く味わえそうだから。	□
専門資格を生かせる	・専門資格を必要とする仕事は、誰でもできる仕事ではなく、より高度な仕事だと思うから。また、他の職に比べて待遇が良いから。 ・大学で、その専門資格を取ることに一生懸命頑張ってきたから。	□
大学での専攻及び研究を生かせる	・大学で学んだ分野は自分の武器であり、それを仕事で生かしたいから。また、その分野が面白いと感じているので、実際の仕事現場で経験を積むことを通して、スペシャリストになりたいから。	□
長所・特徴・強みを生かせる	・自分が楽しいと思える仕事をしたいから。 ・コミュニケーションは苦手だが、手先の器用さには自信があるので、それを生かした仕事をしたいから。 ・まるっきり未知のことに取り組むよりは、自分が得意な分野と関連する仕事のほうが安心できるから。	□

▼ 実際に書き込もう ▼

WORK 「職種選択時に重視する理由」記入シート

チェックシートの内容もヒントにしながら、あなたなりの重視する理由をメモしましょう。これはエントリーシートや面接で、職種志望動機を回答する時に役立ちます。

重視するポイント	重視する理由
技能・技術が身につく	
専門資格を生かせる	
大学での専攻及び研究を生かせる	
長所・特徴・強みを生かせる	

WORK 重視するポイントに合う職種候補一覧

「職種選択時に重視するポイント」でチェックした内容に、どのような職種が属しているかを確認してみよう。

重視するポイント	重視するポイントに関連する職種
技能・技術が身につく	システムエンジニア、プログラマ、ネットワークエンジニア、美容師・エステティシャン、写真家、調理師、建築・土木設計、電気等設備管理、植木職・造園師
専門資格を生かせる	薬剤師、栄養士、医療技師、ケアマネージャー、コンサルタント、保育士、弁護士、司法書士、公認会計士、設計士、施工管理技士、ファイナンシャルプランナー、MR、経理、カラーコーディネーター、通関士、医師、看護師
大学での専攻及び研究を生かせる	品質・生産管理、メンテナンス、機械・電子機器設計、研究職、教師、マーケティングリサーチャー、経営企画、芸術家、測量技術者、工業デザイナー
長所・特徴・強みを生かせる	（数字に強い）証券アナリスト・為替ディーラー、アクチュアリー、財務 （コミュニケーションが得意）営業、販売、証券外務員、ホテル客室係・客室乗務員、セールスエンジニア、広報、介護職 （手先が器用）金属加工職、宮大工、アクセサリーデザイナー、歯科技工士 （大好き、得意な分野がある）通訳・翻訳、ライター、ゲーム・CGデザイナー、アニメーター、犬訓練士、スポーツ等インストラクター、ツアーコンダクター（旅行添乗員）、駅務員、バイヤー

WORK 29 パーソナリティを考慮して職種志望分析に取り組もう

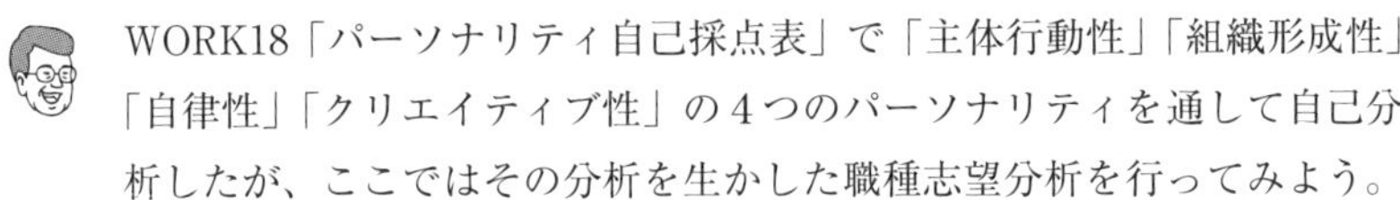

WORK18「パーソナリティ自己採点表」で「主体行動性」「組織形成性」「自律性」「クリエイティブ性」の４つのパーソナリティを通して自己分析したが、ここではその分析を生かした職種志望分析を行ってみよう。

前半の自己分析がここで生きてくるわけですね。

パーソナリティに合う職種は、自分を生かし、仕事として伸び伸びと取り組める可能性が高いだけに、興味を持って取り組んでほしい。

やはり、自分の長所や特徴を生かせる仕事にしたほうがいいですよね。

その通り。ただ、誤解しないでほしいのはパーソナリティに合っている職種を選べば、苦労しないで済むわけではないということ。どんな職種を選ぼうとも、仕事には必ず苦労はついて回る。その時、その苦労にやりがいを感じられるか、少しでも楽しむことができるかが大切なんだ。

もしも、パーソナリティに合わない職種を目指したいと思った場合は、どうすればよいのですか？

その場合、苦労に苦労を重ねても取り組みたい職種なのかをしっかり考えよう。また、複数の企業から続けて不合格の判断をされた時には、志望変更も検討しよう。

POINT!

- **パーソナリティと合う職種は自分の能力を生かして主体的に取り組める可能性が高い**
- **エントリーシートや面接の職種選択理由では、自分に向いていることを説明する必要がある**
- **不合格が続くようなら志望職種の変更を早めに検討したい**

▼実際に書き込もう▼

WORK パーソナリティに適した職種候補

WORK18で取り組んだ「パーソナリティ自己採点表」の分析結果をもとに取り組みます。まずは、「主体行動性」と「組織形成性」の得点を比較し、得点の高いパーソナリティにチェックを入れます。次に、「自律性」と「クリエイティブ性」の得点を比較し、得点の高いパーソナリティにチェックを入れます。(同点の場合は両方にチェックを入れましょう)
チェックした２つのパーソナリティに分類された枠内に紹介した職種を、今後の職種研究・選択候補の参考にしてみましょう。(主体行動性と自律性にチェックを入れた場合は、「Aタイプ」となります。また、中央の枠内は、すべてのパーソナリティをバランスよく必要とするマネージメントレベルの職を示しています)

□ 主体行動性

□ 自律性

□ クリエイティブ性

□ 組織形成性

Aタイプ

・訪問ヘルパー　・看護師
・財務　・生産管理
・ルートセールス
・エリアマネージャー
・システム保守
・ツアーコンダクター

Bタイプ

・新規開拓営業　・販売
・バイヤー（マーチャンダイザー）
・ゲームクリエイター　・編集
・制作　・製品／商品企画
・研究者　・デザイナー
・ファイナンシャルプランナー

中央

・経営者
・管理職
・プロデューサー
・プランナー
・編集長

Cタイプ

・SE　・プログラマ
・チェーン店店長　・総務
・営業補助等一般事務職
・人事　・秘書　・施工管理

Dタイプ

・精密部品等の開発者
・マーケティングリサーチャー
・経営企画　・ルート営業
・販売営業推進　・研修担当職

WORK 30 適職分析結果から志望しない理由を考えてみよう

これまでの適職分析で志望する業界や職種が浮かんできました。

では、その結果の裏側にあるものを考えてみよう。つまり、志望しない業界や職種は何かを考えてみるということだ。

なぜ、そんなことを考える必要があるのですか？

例えば、A業界を志望する理由と、B業界を志望しない理由を比較することで、A業界に対する志望理由をより明確にできるからだよ。この比較は、ESや面接対策で、志望動機を充実させるコツでもあるから覚えておこう。

POINT!

▶**志望しない理由を分析すれば目指す仕事の志望動機がより明確になる**

WORK実例 志望しない業界・職種とその理由

単に「志望しない」ではなく、なぜ、志望しないのかを考えてみましょう。その理由の裏側には、より興味の持てる業界・職種を見つけるヒントが隠されているはずです。

	業界・職種名	その理由と気づいたこと
志望しない業界	セメント	国土の開発やビルの建設等、必要なものであることは分かるが、付加価値を感じることができない。 私は、ハイテクや新技術といった何か新しい動きのある業界に憧れているのかもしれない。
志望しない職種	生産管理	非常に知的な仕事の一つだと思うが、機械や数値を相手にする仕事であり、刺激を感じられない。 私は、人を相手に、共に頑張ったり交渉したりといった、人とのコミュニケーションを重視する仕事をしたいのかもしれない。

▼「WORK実例」を参考に実際に書き込もう▼

WORK 志望しない業界・職種とその理由

	業界・職種名	その理由と気づいたこと
志望しない業界		
志望しない職種		

WORK 31 さまざまな適職診断ツールも活用してみよう

大学で適職診断テストを受けた人もいるかもしれないが、そのほかにも適職診断をするためのさまざまなツールがあるのでぜひ活用しよう。例えば、マイナビのWEBサイトではキャリアデザインツール『MATCH plus』があるんだ。

これは使わないともったいないですね。もっと早く教えてもらいたかったな～。

まず、自分で自己分析をし、自分への理解を深めた後にこれらの適職診断ツールを活用することが大切なんだ。「○○職に向いている」などの診断結果はあくまでも参考とし、鵜呑みにしてはいけないよ。

POINT!

▶ **適性診断の結果に一喜一憂せず、あくまでも参考として活用しよう**

WORK実例 適職診断の結果を記入しよう

さまざまな適職診断ツールを利用してみよう。その結果をプリントアウトし、それぞれ上位となった業界・職種の診断結果やコメントを貼り付けておこう。※以下は適職診断ツールの一例

業界	低	中	高	適合度
ソフトウエア・情報処理局				94%
不動産				92%

職種	低	中	高	適合度
システムエンジニア				100%
専門コンサルタント				99%

▼「WORK実例」を参考に実際に書き込もう▼

WORK 適職診断結果を記入しよう

WORK 32

「会社観」を持とう

「会社観」とは、WORK08で分析した「あなたの価値観とは？」と同様で、ある会社の特徴に対して自分が重視するか、価値を感じるかの判断基準のことだ。

価値を感じる、感じない？　会社って同じようなものじゃないんですか？

実は多くの会社が個性を持っているんだ。その個性は社長の考え方や経営理念、社員の雰囲気などで形成されていて、もしも君の価値観（＝会社観）と合わない会社を選んでしまうと…。

ちょっと、居心地が悪そうですね。会社選択を行う前に、会社観も掘り下げる必要がありそうですね。

この会社観を掘り下げることで、君の会社選択基準が具体化するから、会社を選択しやすくなるんだよ。また、「大企業、有名企業であればよい」程度の甘い会社観や会社選択基準で就活を行い、その甘さを採用担当者に見抜かれて不合格にされる人が多いだけに、君はそうならないようにしっかりと取り組もう。

POINT!

- **会社選びにおいて、重視する・しないの判断基準を持とう**
- **自分の価値観・会社観と少しでも多く一致する会社を探そう**
- **自分の会社観と100%一致する会社を探すのは難しいので、7割程度の満足度があれば充分と考えよう**

WORK 実例　企業選択でこだわるポイントと理由を考えよう

以下の「こだわる項目」をあなたの会社選択基準の参考にしてください。また、こだわる理由を考えることが、会社観を明確にすることや会社志望動機作成時に役立ちます。

こだわる項目に○をつけよう				こだわる理由
従業員1000人以上	○	従業員100人未満		企業の最大の財産は人材であり、その人材がたくさんいる＝社員が多いということは、企業の強みの一つと思うから。学ぶ対象とする先輩をたくさん見つけたい。
上場・有名企業		未上場・ベンチャー企業		上場していない大企業や、上場をあえて廃止する大企業もあるので、上場しているか、いないかにはこだわっていない。
大企業の系列企業		独立系企業	○	系列会社は自由な判断ができないので、独立系企業がよいと思っている。
安定性重視		成長性重視	○	安定の先には、衰退が待っていると思うので、常に成長を目指す会社を選びたい。
年功序列		若手抜擢	○	若いうちから活躍したいと考えているので。しかし、先輩社員から多くのことを学びたいと思っているので、先輩を尊重し、礼儀正しく接したい。
福利厚生が充実		給料が高い	○	必要以上の福利厚生は会社にとって無駄なコストだと思うので、保険などの基本的なものがあれば充分。だから、仕事が大変でも給料が高いほうがよいと思う。
海外積極展開	○	地域密着		日本の内需は弱く、また高齢化・少子化の進行で、成長性も弱いとなれば、やはり海外に積極展開しようとする会社が有望なのではないか？
プロセス重視		成果・実力重視		どちらも大切だと思う。
ゼネラリスト養成		スペシャリスト養成	○	どちらにも魅力を感じるが、仕事で自分の強みを持つことを考えれば、スペシャリストを目指すほうがよいと思う。
組織力の充実		風通しが良い	○	どんなにしっかりした組織も風通しが悪くなった瞬間からダメになると思うので、風通しを重視。社長と話せる機会のある会社に入社したい。
事業分野が広い		事業分野が特化	○	競争が激しくなるほどに、何か圧倒的な強みが必要だから、事業分野を絞り、経営資源を投入している会社がよいと思う。
業績が良い	○	理念に賛同できる		業績が良いからこそ、立派な理念も推進できるのではないか？　悪ければ、絵に描いた餅で終わってしまうと思う。

▼「WORK実例」を参考に実際に書き込もう▼

WORK 企業選択でこだわるポイントと理由を考えよう

こだわる項目に○をつけよう		こだわる理由
従業員 1000人以上 □	従業員 100人未満 □	
上場・ 有名企業 □	未上場・ ベンチャー 企業 □	
大企業の 系列企業 □	独立系企業 □	
安定性重視 □	成長性重視 □	
年功序列 □	若手抜擢 □	
福利厚生が 充実 □	給料が高い □	

こだわる項目に○をつけよう		こだわる理由
海外積極展開 □	地域密着 □	
プロセス重視 □	成果・実力重視 □	
ゼネラリスト養成 □	スペシャリスト養成 □	
組織力の充実 □	風通しが良い □	
事業分野が広い □	事業分野が特化 □	
業績が良い □	理念に賛同できる □	

WORK 33 「仕事ビジョン」を持とう

「仕事ビジョン」とは、働くにあたって何を重視するかを判断する基準のことだ。これまでの職種分析では重視するポイントやパーソナリティとの一致を軸にどんな職種があるかを調べてきたが、ここでは働き方全体について分析してみよう。

つまり、仕事とプライベートのどちらを重視するかとか、給料の金額にこだわるか、ということですか？

その通り。君が希望する「仕事ビジョン」を100%満たしてくれる仕事があるかどうかは分からないが、どうしても譲れないこと、例えば家族との関係で地元を離れられないなどを認識しておくことが就活では大切なんだ。そして、それがはっきりすれば、募集要項の採用条件を調べることで、自分に合った会社かどうかを判断することができるので、間違った会社選びをしなくて済む。

例えば、説明会や募集要項で説明されていることが本当かどうかを確認したい場合は、どうすればよいのですか？

社員訪問を行う必要があるね。そのためにも聞きたいことなどは事前にまとめておくようにしよう。

POINT!

- ▶自分の人生全体の満足度を向上させるためにも働き方観を持とう
- ▶「仕事ビジョン」は家族とも相談しながら確認してみよう
- ▶募集要項の確認や社員訪問なども積極的に行おう

WORK実例 「仕事ビジョン」を確認しよう

以下の項目の中で、あなたが特に重視する項目を選び、チェックを入れましょう。ワークシートでは候補項目以外でも、考えていることがあれば書き加えよう。

□勤務地が自宅に近い　□転勤がない　☑給料が高い　☑若手でも意見が通りやすい　□休日、休暇の日数が多い　□残業がない　□昇進が早い　☑人から感謝される　□企画を生かせる　□地域に密着している　□世界が舞台　□独立、起業の可能性がある　☑様々なタイプが活躍できる　□収入が安定している　□服装や勤務時間が自由　□成果、実力主義で評価される　□ノルマがない　□刺激が多い　□人にうらやましがられる　□産休・育児後に復帰できる　□資格取得につながる　□ジョブローテーションでさまざまな仕事を経験できる　□スペシャリストを目指せる　□オフィス内の仕事が中心　□全国を飛びまわれる　□出会いが多い　□最先端の動きにかかわれる　□おもてなしの精神が発揮できる　□成果・実績を具体的に実感できる　□テレワークが可能な仕事

WORK実例 重視する理由

チェックした「仕事ビジョン」の項目に関して、重視する理由やイメージしていることを記入しよう。

重視項目	考えていること・イメージしていること
給料が高い	豊かなプライベートを実現して、仕事とプライベートの両方を充実したものにしたいから。
若手でも意見が通りやすい	アイデアを提案することが昔から好きなので。
人から感謝される	お客様から感謝される仕事は、将来、自分の子供に胸を張って仕事の話をできると思うから。
様々なタイプが活躍できる	様々なタイプが適材適所で輝ける会社が、本当に人材を大切にしている会社だと思うから。

▼「WORK実例」を参考に実際に書き込もう▼

WORK 「仕事ビジョン」を確認しよう

□勤務地が自宅に近い　□転勤がない　□給料が高い　□若手でも意見が通りやすい　□休日、休暇の日数が多い　□残業がない　□昇進が早い　□人から感謝される　□企画を生かせる　□地域に密着している　□世界が舞台　□独立、起業の可能性がある　□様々なタイプが活躍できる　□収入が安定している　□服装や勤務時間が自由　□成果、実力主義で評価される　□ノルマがない　□刺激が多い　□人にうらやましがられる　□産休・育児後に復帰できる　□資格取得につながる□ジョブローテーションでさまざまな仕事を経験できる　□スペシャリストを目指せる　□オフィス内の仕事が中心　□全国を飛びまわれる　□出会いが多い　□最先端の動きにかかわれる　□おもてなしの精神が発揮できる　□成果・実績を具体的に実感できる　□テレワークが可能な仕事

WORK その他の自分の「仕事ビジョン」を自由に書き込もう

▼「WORK実例」を参考に実際に書き込もう▼

WORK 重視する理由

重視項目	考えていること・イメージしていること

WORK 34

自分が苦手と感じる仕事内容を考えてみよう

仕事の「楽しそうなイメージ」はよく目に入るのだが、表裏一体の部分と言える仕事の「つらいイメージ」はなかなか目に入らないもの。全体的には自分が好感を持てる仕事だったとしても、入社後にある一部分が合わないためにどうしても我慢できないという状態に陥ってはもったいない。そこで、自分が苦手とすることを分析し、仕事選びに役立てよう。

なるほど。これでより慎重な仕事選びができますね。よ～し、苦手な項目を選ぶぞ～。

ただし、少しくらいの苦手は我慢しないと、選ぶ仕事がなくなってしまうぞ。苦手なこと、困難なことに挑戦するのが仕事であり、社会人だ。「苦手だが頑張ってみよう」と思える項目も積極的に選んでいこう。

確かに楽しいばかりの仕事があるはずないですよね。

POINT!

- **人は誰にでも、何かしら苦手なことがある**
- **仕事の魅力だけでなく、困難な局面もしっかりと研究しておこう**
- **苦手を克服することも仕事に含まれるという意識を持とう**

▼ 実際に書き込もう ▼

WORK 苦手項目を確認しよう

下の一覧から、自分がどうしても苦手で克服することが無理と感じるもの、苦手だが頑張って克服しようと思うものを選び、番号を記入しましょう。また、職種研究を進める過程で苦手と感じるものがあった場合は、下段の「その他」欄に記入しましょう。

①1日に多くの仕事を抱える仕事　②数年単位のスパンで取り組む仕事　③毎月毎月目標を設定される仕事　④クレームに対応する仕事　⑤長期間、自宅から離れた場所で生活する仕事（ダム開発等）　⑥自分とタイプや価値観の違う人を相手にする、または、相手にする人を選べない仕事　⑦小さなミスも許されない仕事　⑧体力を必要とする仕事　⑨怪我をする恐れのある仕事　⑩システム障害など時と場合が予測できない事案に対応する仕事　⑪深夜帯の勤務もある仕事　⑫次から次へと注文に対応しなくてはならない仕事　⑬人の生命などに重大な責任の伴う仕事　⑭計算や論理的思考が必要な仕事　⑮専門知識に関する社内試験が定期的に実施される仕事　⑯精神的なプレッシャーを感じる仕事　⑰細かく管理される仕事　⑱黙々と同じ作業を繰り返す仕事　⑲精密な仕上がりが要求される仕事　⑳一人で作業することが多い仕事

苦手で可能な限り避けたい内容	苦手だが頑張ってみようと思える内容
（その他）	（その他）

WORK 35 適職分析のまとめ

ここではこれまでの適職分析で見えてきた結果をまとめて、自分の志望を一覧できるようにしよう。

就職活動って会社を１社決めればいいもんだと思っていましたが、本当に満足のいく就職をしようと思うと、さまざまな角度から分析しなくてはならないのですね。

その通りだ。そして、内容の濃い分析をしようと思うならば、視野を広げ、知識を増やさなくてはならない。就職活動の大変さが少しは実感できたかな？

実は、適職分析に取り組む以前は、仕事なんて営業か販売くらいだろう、としか思っていなかったんです。でも、世の中にはこんなにもたくさんの仕事があるということが分かって良かったです。

それに会社だっていろいろな強みや特徴があるからね。就職とは業界・職種・会社との出会いだということを感じてもらえたんじゃないかな？

はい。良い出会いをするためにも、この適職分析で得たヒントを生かしたいと思います。

POINT!

- **就職活動とはたくさんの仕事や会社と出会える機会**
- **視野が広がるにつれて目指す職種の方向性が変化することもある**
- **分析結果に捉われず、その時の自分の気持ちを大切にしよう**

WORK 実例　適職分析の結果をまとめよう

第４章を通して取り組んだ結果をもとに、あなたの「業界」「職種」「会社」志望候補をまとめましょう。以下の（　）内に記載した実例を参考に、あなたの分析結果を記入し、今後の「業界・職種・会社研究」の指針としてください。

業界志望候補

・特に興味を持っている社会分野は（**人々の暮らし**）であり、その分野に関連する業界の中で研究を深めたいのは（**食品・クレジット**）である。
（参照：WORK26）

・特に興味を持っている事業フィールド分野は（**B to B**）であり、その分野に関連する業界の中で研究を深めたいのは（**証券・経営コンサルティング**）である。
（参照：WORK27）

・適職診断ツールの結果で研究を深めたい業界は、（**情報処理・百貨店**）である。
（参照：WORK 31）

職種志望候補

私が職種選択で重視する項目は（**専門資格を生かせる**）ことであり、職種候補の中で研究を深めたいのは（**コンサルタント・ファイナンシャルプランナー**）である。
（参照：WORK28）
また、私の特に強みとなるパーソナリティは（**主体行動性**）と（**クリエイティブ性**）であり、職種候補の中で研究を深めたいのは（**新規開拓営業・バイヤー**）である。
（参照：WORK29）
更に、適職診断ツールの結果で研究を深めたい職種は、（**専門コンサルタント**）である。
（参照：WORK31）

会社観

私が会社選択において重視する２大要件は（**成長性重視**）（**若手抜擢**）である。
（参照：WORK32）

仕事ビジョン

私が仕事ビジョンにおいて重視する２大要件は（**人から感謝される**）（**様々なタイプが活躍できる**）である。（参照：WORK33）また、（**クレームに対応する仕事**）（**黙々と同じ作業を繰り返す仕事**）を苦手と感じている。（参照：WORK34）
よって、業界・職種・会社研究には、この仕事ビジョンも念頭に置いて取り組みたい。

▼「WORK実例」を参考に実際に書き込もう▼

WORK 適職分析の結果をまとめよう

業界志望候補

・特に興味を持っている社会分野は（　　　　　　　）であり、その分野に関連する業界の中で研究を深めたいのは（　　　　　　　）である。
（参照：WORK26）

・特に興味を持っている事業フィールド分野は（　　　　　　　）であり、その分野に関連する業界の中で研究を深めたいのは（　　　　　　　）である。
（参照：WORK27）

・適職診断ツールの結果で研究を深めたい業界は、（　　　　　　　）である。
（参照：WORK31）

職種志望候補

私が職種選択で重視する項目は（　　　　　　　）であり、職種候補の中で研究を深めたいのは（　　　　　　　）である。
（参照：WORK28）
また、私の特に強みとなるパーソナリティは（　　　　　　　）と（　　　　　　　）であり、職種候補の中で研究を深めたいのは（　　　　　　　）である。
（参照：WORK29）
更に、適職診断ツールの結果で研究を深めたい職種は、（　　　　　　　）である。
（参照：WORK31）

会社観

私が会社選択において重視する2大要件は（　　　　　　　）（　　　　　　　）である。
（参照：WORK32）

仕事ビジョン

私が仕事ビジョンにおいて重視する2大要件は（　　　　　　　）（　　　　　　　）である。（参照：WORK33）また、（　　　　　　　）（　　　　　　　）を苦手と感じている。（参照：WORK34）
よって、業界・職種・会社研究には、この仕事ビジョンも念頭に置いて取り組みたい。

志望業界・志望職種の絞り込みプロセスと結果をまとめよう

「志望業界／絞り込みマップ」と「志望職種／絞り込みマップ」は、実際に業界・職種研究を始めてから1カ月程度たってから記入しよう。その頃は、WORK35で記入した内容と候補が変化したり、新たな切り口が加わっていることもあるはずです。視野・知識の広がった段階での自分の答えを重視しましょう。

WORK実例 志望業界／絞り込みマップ

まず、WORK35の内容をもとに興味を持っている「社会分野と事業フィールド」を「適職分析を参考に研究した業界1及び2」の各枠内の（　　　）の中に記入し、実際に研究した業界名を、（　　）の下に記入しましょう。また、就職活動を進める中で、自分で発見した業界研究切り口と研究した業界名及び適職診断ツールを参考に研究した業界名を、各枠内に記入しましょう。最後に、第1～第3志望業界までを絞り、中心の「研究の結果」枠内に記入しましょう。

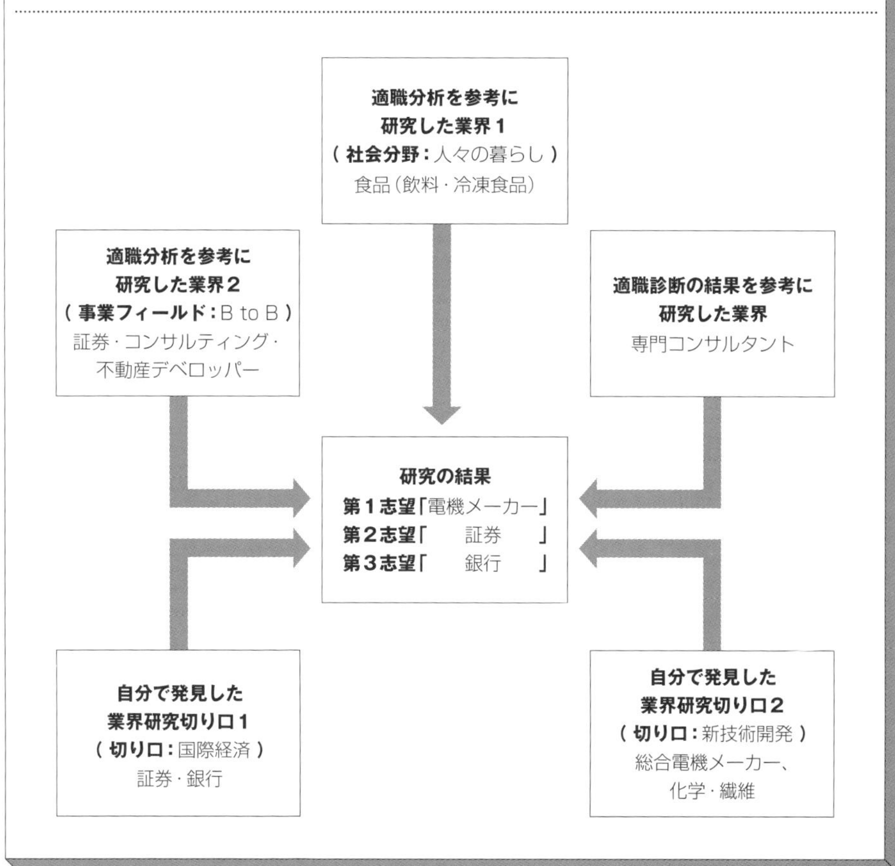

▼「WORK実例」を参考に実際に書き込もう▼

WORK 志望業界／絞り込みマップ

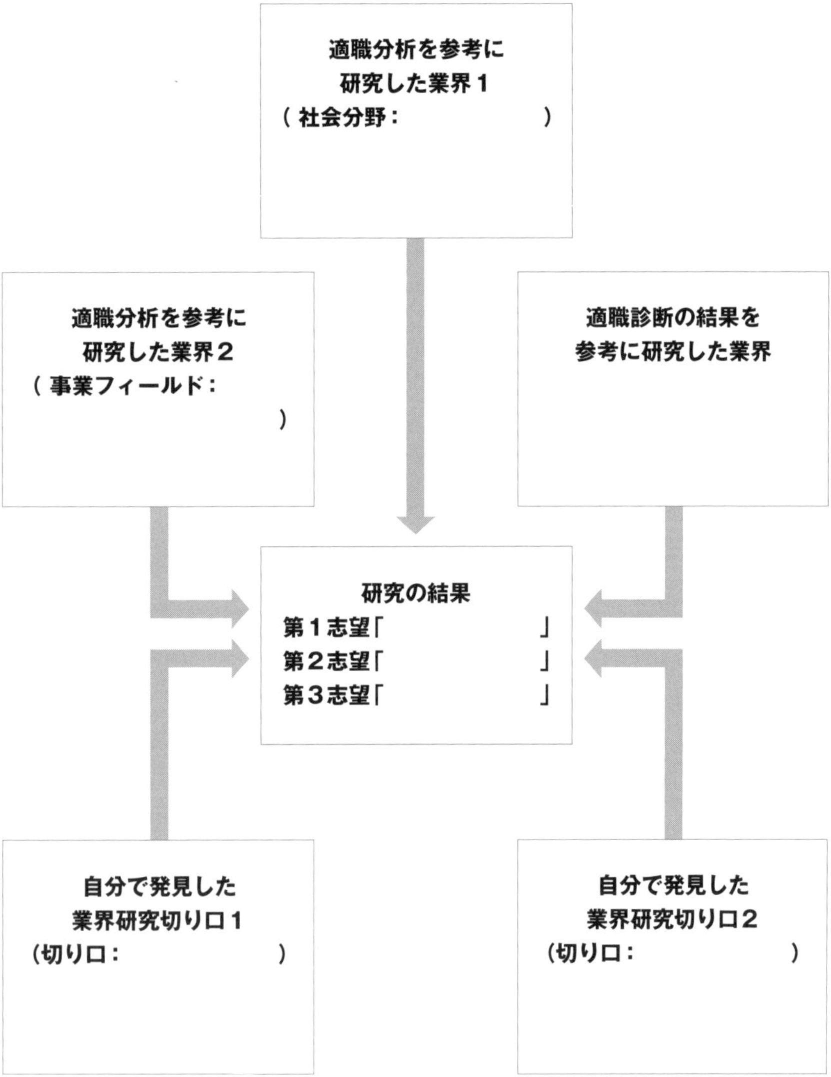

適職分析を参考に
研究した業界１
（社会分野：　　　　　　）

適職分析を参考に
研究した業界２
（事業フィールド：
　　　　　　　　　　）

適職診断の結果を
参考に研究した業界

研究の結果
第１志望「　　　　　　　」
第２志望「　　　　　　　」
第３志望「　　　　　　　」

自分で発見した
業界研究切り口１
（切り口：　　　　　　）

自分で発見した
業界研究切り口２
（切り口：　　　　　　）

WORK 実例 志望職種／絞り込みマップ

「志望業界／絞り込みマップ」と同様に、実際に研究した職種名を、職種研究の進展に合わせて記入していこう。

適職分析を参考に
研究した職種1
（重視項目：
専門資格を生かせる）
ファイナンシャルプランナー、
コンサルタント

適職分析を参考に
研究した職種2
(パーソナリティの組み合わせ：
主体行動性&
クリエイティブ性)
新規開拓営業

志望業界を念頭において
志望する職種
第1志望「セールスエンジニア」
第2志望「ファイナンシャル
プランナー」
第3志望「新規開拓営業」

適職診断の
結果を参考に
研究した職種
専門コンサルタント

その他、興味を持った
業界に関連する職種
証券外務員、
製品／商品企画、
セールスエンジニア

自分で発見した
職種研究切り口
(切り口：独立・
起業の役に立つ）
調理師、マッサージ師、
店長、バイヤー、経営企画

▼「WORK実例」を参考に実際に書き込もう▼

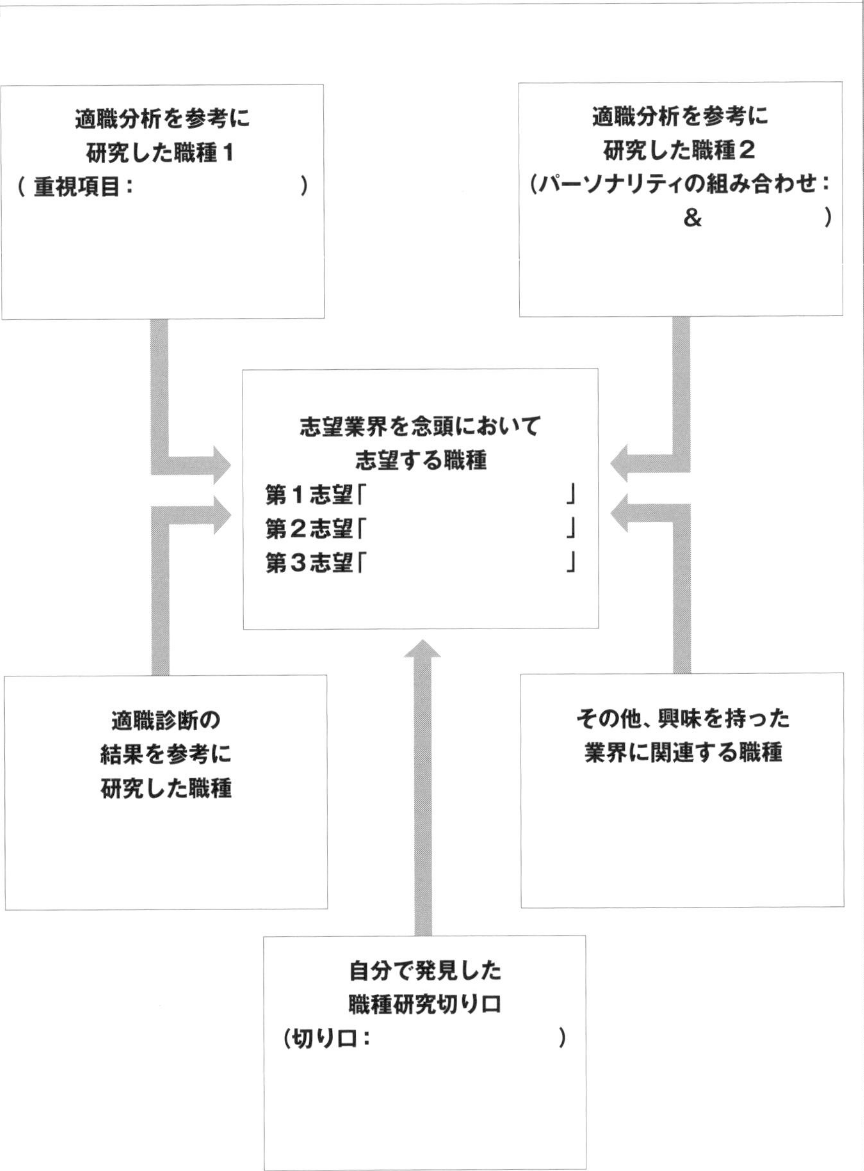

WORK実例　志望会社／絞り込みマップ

以下に示した３つの円はそれぞれあなたの「会社観」「仕事ビジョン」「共感する理念キーワード」を表しています。インターネットでの研究段階、会社説明会段階で記入し、自分が志望している企業をこの３つの価値観を軸に、一致する度合いによって、企業名を記入してみましょう。以下に例示した記入内容であれば、第１志望Ｎ社、第２志望Ａ社、第３志望Ｋ社となります。Ｎ社は重視する会社観、働き方観、理念の３つが一致しており、Ａ社は会社観と理念は一致していますが、働き方観はいまひとつ一致していないという状況になります。またＫ社は、会社観と働き方観は一致していますが、理念についてはまったく共感できないという状況を表しています。ここでは本書の適職分析に沿って「会社観」「仕事ビジョン」「共感する理念キーワード」の３つを切り口として設定していますが、自分独自の重視する切り口が生まれた場合は、その切り口に書き直して利用しましょう。

共感する理念キーワードゾーン
（　お客様に奉仕する・新しい価値を創造する　）
＊出会った企業の理念などを
もとに記入しましょう

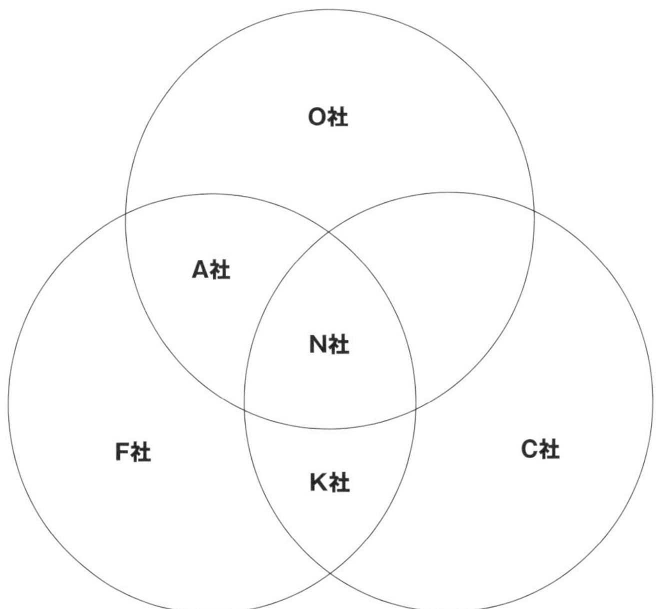

会社観ゾーン
（　未上場・ベンチャー　）
（　成長性重視　）

仕事ビジョンゾーン
（　人から感謝される　）
（　性別にかかわらず活躍できる　）

▼「WORK実例」を参考に実際に書き込もう▼

WORK 志望会社／絞り込みマップ

共感する理念キーワードゾーン

(　　　　　　　　　　　　　　　　　　)

＊出会った企業の理念などを
もとに記入しましょう

会社観ゾーン

(　　　　　　　　　　　　　　　　　　)
(　　　　　　　　　　　　　　　　　　)

仕事ビジョンゾーン

(　　　　　　　　　　　　　　　　　　)
(　　　　　　　　　　　　　　　　　　)

第5章

自己PR・志望動機の作成

WORK 36

自己PR作成のための素材を準備しよう

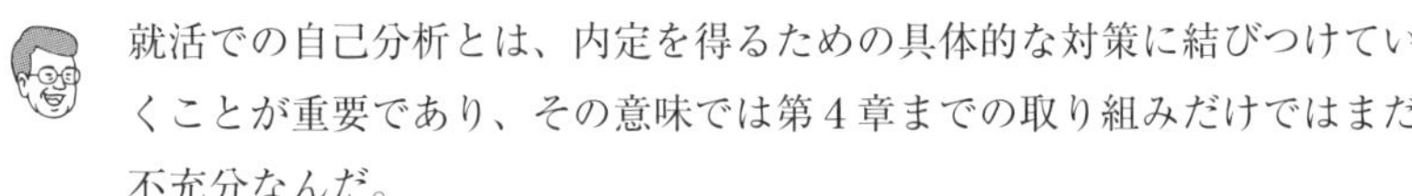

就活での自己分析とは、内定を得るための具体的な対策に結びつけていくことが重要であり、その意味では第4章までの取り組みだけではまだ不充分なんだ。

でも、ここまでの自己分析で自分に適した業界・職種・会社を探す視野も広がり、ヒントも得られたので、充分に対策になっていると思うのですが…。

自己分析や適職分析、また、それらをもとにした業界研究などは、就活の重要な作業なのだが、それは内定を得るためのプロセスにしか過ぎない、とも言える。内定を得るためには選考を突破しなくてはならず、その突破に必要なものは？

自己PRや志望動機ですね。

その通り。そこで第5章では、ES作成を想定しながら、自己分析を自己PR作成に結びつける基本をアドバイスしよう。自己PR作成のポイントは、自己分析で得られた答えをいかにつなぎ合わせるかということ。もしも作成過程で煮詰まった時には、自己分析を繰り返すことも大切なんだ。

POINT!

▶自己PRとは自己分析結果の集合体。煮詰まった時は自己分析に戻ろう

▶基本的な自己PR課題となる以下の項目についてはしっかりと準備しよう

「あなたが大学時代に力を入れたことは？」「大学時代で苦労したことと、それを乗り越えようと頑張ったことは？」「大学時代にあなたが成長できたことは？」「自覚している短所と、それを、どう克服しようと努力しているか？」

WORK実例 自己PR作成ワーク「あなたが大学時代に頑張ったことは?」

結論:「頑張ったことは?」「苦労したことは?」「努力したことは?」など、課題に対する結論をまず選ぶ
(WORK01&02から選ぶ)私が大学時代に頑張ったのは喫茶店でのアルバイトです。

結論とセットになる行動の中で一番紹介したいものを選ぶ
(WORK03から選ぶ)このアルバイトで特に思い出に残っているのは、新人指導係を担当した時のことです。

行動の結果を示す。結果とは、目に見えない人間的成長、心の満足感も含む
(WORK03から選ぶ)頑張った結果、店長や先輩からも「面倒見が良い」と評価され、時給50円UPと、信用を勝ち取ることができました。

内容を充実させる。上記を骨格として、更に伝えたいことを付け足していく
(WORK03から気持ちや具体的なエピソードを選ぶ)
・担当した新人から感謝された時の喜びを伝えたい
・相手の立場に立つ・気持ちを考えられる人間に成長できた
・海外旅行の費用をこのアルバイトで貯めたことを伝えたい
・夏休み、ロングのシフトを中心につめこんで働ききったことを紹介して、精神・体力のタフさが増したことを伝えたい

自己PR作成
私が大学時代に頑張ったのは飲食店でのアルバイトであり、特に思い出に残っているのは、新人指導係を担当した時のことです。この新人から、「不安でしたが、お陰でやっていけそうな気がします」と言ってもらえた時、店長や先輩から「面倒見が良い」と評価され、時給50円UPと信用を勝ち取れた時は本当にうれしかったです。この時から、相手の立場に立つ・気持ちを考える大切さが本当の意味で分かったような気がします。
また、このアルバイトでは、海外旅行に必要な資金を貯めることも目標にしていました。そのために、夏休みにロングのシフトをつめこんで働き続け、目標金額の貯金を達成することができました。
このアルバイトを通して、私は働くにあたって必要なタフさを身につけられましたし、いかに周囲と信頼し合うことが大切かを学びました。就職してからもこのことを忘れず、周囲の信頼を自ら勝ち取るよう積極的に役割を果たしていきたいと考えています。

▼「WORK実例」を参考に実際に書き込もう▼

WORK 自己PR作成ワーク「あなたが大学時代に頑張ったことは?」

結論:「頑張ったことは?」「苦労したことは?」「努力したことは?」など、課題に対する結論をまず選ぶ
(WORK01&02から選ぶ)

結論とセットになる行動の中で一番紹介したいものを選ぶ
(WORK03から選ぶ)

行動の結果を示す。結果とは、目に見えない人間的成長、心の満足感も含む
(WORK03から選ぶ)

内容を充実させる。上記を骨格として、更に伝えたいことを付け足していく
(WORK03から選ぶ)

自己PR作成
※内容を充実させた後の自己PRはワードなどで作成して保存しておこう。

WORK 37 自己PR対策：アピールポイントをビジュアル化しよう

ESは自宅でじっくり考えながら取り組むことができるが、面接はそうはいかない。なぜなら面接官のプレッシャーや、すぐに答えなくてはならないという時間的プレッシャーがあるからね。

自己分析をしてみた結果、自分にはけっこうアピールポイントがあったので、その一つ一つを暗記するのは時間がかかりますね。

NO！ 絶対に「暗記すること」を対策だと思ってはいけない。改めてWORK19を見直してほしいのだが、君にはこんなにもたくさんのアピールポイントや関連するシーンがあるんだ。それらをすべて暗記するのは無理なことだぞ。そこで、そのアピールポイントをビジュアル化してほしい。例えば君は、WORK19の自立性のエピソードで海外旅行の資金を自力で貯めた、というエピソードを記入したよね。ならば、まずそれに関連する写真やグッズをデジタルカメラなどで撮影しよう。コンタクトシートなど、小さいサイズでプリントアウトしたものを切り抜いてどんどん貼り付けてほしい。人は暗記していなくても、思い出深い場面から関連することを自然と思い浮かべられるものなんだ。

POINT!

- ▶アピールポイントを文字のままではなく視覚化しよう
- ▶思い出深いシーンは、暗記しなくても頭と心に刻まれている

Web面接対策 「画面共有機能」活用を想定した準備も

資格の合格証書や大会の表彰状、自信のある成績表、サークルの仲の良さが表れた集合写真、資格の勉強に使った参考書の束、キャンパスの風景等、面接官にアピールしたい写真データをプレゼンソフトに取り込み、画面共有機能で披露できるよう準備しておこう。「その写真をもう一度見せて」と面接官が喰いつけば、こっちのものだ！

WORK実例 アピールポイントをビジュアル化しよう

WORK19を振り返り、あなたが書き込んだエピソードやシーンを確認しよう。そのエピソードやシーンに関連する写真を枠内に貼り付けよう。当時の写真がない場合は記入した内容をイメージしやすい写真を改めて撮影したり、インターネットで探して貼り付けよう。

自立性

(例)海外旅行に行った時の空港の写真など

協調・協力姿勢

(例) サークルの仲間と合宿で撮った集合写真など

完遂力

(例) 資格取得を目標に3回繰り返し問題を解いたテキストの写真など

創意工夫

(例) 自主トレの場所とした近所の神社の階段やバーベル代わりにした砂入りペットボトルの写真など

積極性

(例) サークルでの練習風景の写真など

配慮(親切・思いやり)

(例) 新人歓迎会の後輩たちの写真など

計画性

(例) アルバイトやサークル、資格の勉強時間などが書き込まれたスケジュール帳の写真など

問題意識・解決志向

(例) サークル活動などで作成した自作のチラシの写真など

こだわりの強さ

貢献・利他心

▼「WORK実例」を参考に実際に書き込もう▼

WORK アピールポイントをビジュアル化しよう

自立性 MEMO	協調・協力姿勢 MEMO	完遂力 MEMO	創意工夫 MEMO
積極性 MEMO	配慮（親切・思いやり） MEMO	計画性 MEMO	問題意識・解決志向 MEMO
こだわりの強さ MEMO	貢献・利他心 MEMO	忍耐力 MEMO	論理性 MEMO
リーダーシップ MEMO	当事者意識 MEMO	時間・行動管理力 MEMO	情報収集・視野の広さ MEMO

自己研鑽 MEMO	適応力 MEMO	継続力 MEMO	改革・改善意識 MEMO
率先力 MEMO	柔軟性 MEMO	目標設定姿勢 MEMO	アイデア提案力 MEMO
チャレンジ精神 MEMO	礼儀・社会性 MEMO	丁寧な取り組み MEMO	探究心 MEMO
意思決定力 MEMO	尊重姿勢 MEMO	自己反省姿勢 MEMO	没頭力 MEMO

WORK 38

面接で自己PRを展開させる準備をしよう

面接では、一つのことを答えて終わりではアピールが貧弱になってしまう。そこで、一つのシーンから他のシーンへと展開し、アピールするポイントを増やす準備をしよう。

展開するとはどういうことですか？

例えば「あなたの長所は？」と質問された時に、「私の長所は自立性です。海外旅行の資金を自力で貯め実現することができました」と答えるだけではもったいない。その後に「夏休みにロングのシフトを詰め込んで１ヵ月働ききった」ことにも展開したいだろう？

確かに、少しでも自分の長所や頑張ったエピソードを知ってほしいです。

そこで役に立つのがWORK19やWORK37のワークシートだ。考え方としては、君のアピールを一枠ごとに捉えるのではなく、複数の枠と関連させて一つの流れを持ったアピール内容にするということだ。

そうすると、２分でも３分でもアピールを続けることができますね。

ただし、一方的にしゃべりすぎてもいけないよ。面接の進行状況や相手の反応を見ながら、アピールの内容を調節しよう。

POINT!

- **たくさんあるアピールを展開していくシナリオを立てておこう**
- **複数のアピールポイントを紹介すれば、豊かな学生時代を送ったという印象を与えられる**

WORK実例 アピール展開シナリオ作成ワーク①

以下のシナリオ作成手順や例をもとに、「アピール縦列展開＝最も得点の高いパーソナリティ」と「全体展開」の２つの流れを準備しよう。

シナリオ作成の手順「縦列展開」

・WORK18の一番得点の高いパーソナリティ列を選ぶ。以下は「組織形成性」を選んだ場合。
・WORK19を見ながら、「協調・協力」「配慮」…の中の、どの長所からアピールを始めるかを決定する。例えば「配慮」に一番自信がある人は「配慮」を選び、順番を示す数字「１」をWORK19の枠内にメモする。
・次に展開するものを決め、「２」とWORK19の枠内に記入する。例えば「協調・協力姿勢」に決定。
・同様の繰り返しで作業を進める。下の例では、縦列すべての枠に記入を行ったが、すべてをシナリオの中に入れる必要はない。まずは、４つ程度で構成してみよう。

A列： 主体行動性	B列： 組織形成性	C列： 自律性	D列： クリエイティブ性
自立性	**協調・協力姿勢** 「2」サークルだけでなく、昔から、例えば中学・高校の部活や文化祭などでも、みんなと団結して取り組むことができていた。	完遂力	創意工夫
積極性	**配慮（親切・思いやり）** 「1」サークルでは、早くなじんでもらおうと、後輩の面倒をよくみた。	計画性	問題意識・解決志向
こだわりの強さ	**貢献・利他心** 「4」アルバイトで問題点や後輩の気持ちを考えながら取り組んでいるのは、時給UPや褒められることを目的にしているわけでなく、自然と関係するチームや人に役立ちたいと思える性格だから。	忍耐力	論理性
リーダーシップ	**当事者意識** 「3」チームのことを自分のことと思えるタイプなので、アルバイト先の売り上げが落ちた時には、社員と一緒になって取り組んだ。	時間・行動管理力	情報収集・視野の広さ
自己研鑽	**適応力** 「8」このような自分の原点は、小学校時代の転校経験だと思う。見知らぬ集団に参加しても、物怖じせず、すぐになじめ、協調できる自信がある。	継続力	改革・改善意識
率先力	**柔軟性** 「5」こんなタイプなので、人とぶつかることはなく、相手に合わせて対応できるタイプ。	目標設定姿勢	アイデア提案力
チャレンジ精神	**礼儀・社会性** 「7」同年代のほかにも、アルバイトでは年上の方とのコミュニケーションを鍛えられているので、振る舞いではしっかりと対応できると同時に、社員からもメンバーの一員として認められ、時折、相談を持ち掛けられることがある。	丁寧な取り組み	探究心
意思決定力	**尊重姿勢** 「6」ただ相手に合わせているのではなく、相手の考えにある理を汲み取り、相手の考えを尊重できるタイプ。但し、自分の考えも、しっかりと伝えられている。	自己反省姿勢	没頭力

▼

結果・成果・自信になったこと

WORK実例　アピール展開シナリオ作成ワーク②

「全体展開」

・WORK18の得点の低いパーソナリティでも、項目ごとに見ればアピールしたいものがあるはず。
・例えば、１番目〜３番目までは縦列展開と同じシナリオだが、３番目「当事者意識」に関連して４番目に「クリエイティブ性・創意工夫」に展開したい場合は、WORK19「創意工夫」枠に「４」を記入。
・次に「主体行動性・率先力」に展開したい場合は、「率先力」枠に「５」を記入。
・最後に「自律性・丁寧」に展開したい場合は、「丁寧な取り組み」枠に「６」を記入。

A列： 主体行動性	B列： 組織形成性	C列： 自律性	D列： クリエイティブ性
自立性	**協調・協力姿勢** 「２」サークルだけでなく、昔から、例えば中学・高校の部活や文化祭などでも、みんなと団結して取り組むことができていた。	**完遂力**	**創意工夫** 「４」アルバイト先の低下した売り上げを挽回するために、他店を研究し、新たなメニュー開発に取り組んだ。
積極性	**配慮（親切・思いやり）** 「１」サークルでは、早くなじんでもらおうと、後輩の面倒をよくみた。	**計画性**	**問題意識・解決志向**
こだわりの強さ	**貢献・利他心**	**忍耐力**	**論理性**
リーダーシップ	**当事者意識** 「３」チームのことを自分のことと思えるタイプなので、アルバイト先の売り上げが落ちた時には、社員と一緒になって取り組んだ。	**時間・行動管理力**	**情報収集・視野の広さ**
自己研鑽	**適応力**	**継続力**	**改革・改善意識**
率先力 「５」社員に頼まれたわけでもなく、自分からアルバイトメンバーに声をかけ、チラシ配りや接客の向上作戦に取り組んだ。	**柔軟性**	**目標設定姿勢**	**アイデア提案力**
チャレンジ精神	**礼儀・社会性**	**丁寧な取り組み** 「６」お客様を呼び戻す、増やすためには、一人一人への応対、店内の掃除などを丁寧に行うことが大切と心掛けて取り組んだ。どんなに忙しくても、決して手を抜かなかった。	**探究心**
意思決定力	**尊重姿勢**	**自己反省姿勢**	**没頭力**

▼

結果・成果・自信になったこと

WORK実例 アピール展開のシナリオ具体例

「展開シナリオ例」

以下に、それぞれのシナリオ展開例を紹介します。これは、あくまでも一般的な展開例であり、作成にあたっては、あなたがトータルでアピールしたいことを考えながら、あなたがイメージしやすい流れを重視して作成しましょう。また、シナリオ例をつなぐ「→」は、つながりを表しています。行動の関連性や、気持ちの関連性などを持たせながら作成していきましょう。展開シナリオ決定後は、そのシナリオを詳しく文章化し、自分の言葉で説明できるように準備しましょう。

A列（主体行動性）展開

＝積極的に取り組んだことは？→その取り組みで、こだわったことは？　チャレンジしたことは？→その実現・遂行のために、率先して行ったことや、リーダーシップを発揮したことは？→その実現・遂行において、何か問題や意見の違いが発生したことは？→その時、どんな意思決定をしたか？　また、自己研鑽し、乗り越えたか？→自信になったことは？

B列（組織形成性）展開

＝協調・協力的にチーム活動で頑張ったことは？→そのチームに適応するために、どう努力したか？　意識して行動したか？→そのチームに、どのように貢献したいと思い、どのような役割を担ったか？→その活動において、何か問題や意見の違いが発生したことは？→その問題解決において、当事者意識を強く持って行動したことは？　相手に対し柔軟に、もしくは、尊重して対応したことは？→チームのメンバーに目を配り、親切にしたり、思いやりを示し、相談などにのったことは？→外部との交渉などがあった時、礼儀正しく、社会人としてしっかり対応できたことは？→得た成果は？

C列（自律性）展開

＝大学生活における最大の目標は？→その目標達成のため、どのような計画を立て、時間・行動を管理したか？　また、その計画は、楽なものだったか？　それとも、自分を鍛えることにつながる困難なものであったか？（忍耐力）→その計画に沿った行動を継続するために努力したことは？　どのくらの期間、継続したか？→その目標に対して挫折しそうになったことは？→挫折し、放り投げたくなった時、完遂しようと自分を鼓舞したことは？　そして反省したことは？→その反省に沿って、更に丁寧に取り組んだことは？→成長できたことは？

D列（クリエイティブ性）展開

＝大学生活で力を入れたことは？→その活動に伴うことで、問題意識や改革・改善意識を持ったことは？→その問題解決や改革・改善のために、探究心を持って情報収集したエピソードは？→その探究心を持って情報収集したことから、論理的に考え、導き出したアイデアは？　そのアイデアは、自分一人で実行したか？　周囲に提案し、周囲を巻き込んだか？→解決・改善に向けて行動をする中で、特に創意工夫したことは？→その行動に、どのくらいエネルギーを注いだか？（没頭力）→自信になったことは？

全体展開例

（例えばＢ列展開にACD列展開を加える）＝協調・協力的にチーム活動で頑張ったことは？→そのチームに適応するために、どう努力したか？　意識して行動したか？→（Ｃ列）その活動の中で、計画性を発揮したことは？→その活動での困難は？　そして、その困難に、どのように耐えたか？→（Ａ列）よりよい役割を果たすために自己研鑽したことは？→チャレンジしたことは？→（Ｄ列）自分で創意工夫したことは？→アイデアを提案したことは？→どのような成果を得たか？

WORK あなたのアピール展開シナリオ

(　　　　　)列展開

展開シナリオ：WORK38の実例「アピール展開シナリオの具体例」のＡ～Ｄ列展開例を参考にして、展開の順番を記入しよう。

上記で展開した順番に沿って、その内容を実際に文章化してみよう。

全体展開

展開シナリオ：WORK38の実例「アピール展開シナリオの具体例」の全体展開例を参考にして、展開の順番を記入しよう。

上記で展開した順番に沿って、その内容を実際に文章化してみよう。

WORK 39 志望動機作成のための素材を準備しよう

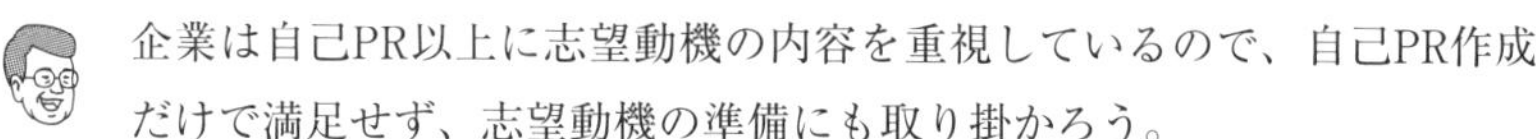

企業は自己PR以上に志望動機の内容を重視しているので、自己PR作成だけで満足せず、志望動機の準備にも取り掛かろう。

志望動機って、どういったことを質問されるのですか？

「なぜ、○○業界を選ぶのか？」「○○職で生かせるあなたの強みは？」「なぜ当社を選ぶか？」という内容が基本的な質問事項だ。つまり、志望する理由を答えるということだね。

あっ、理由って適職分析で記入したのを覚えています。

そこで、この基本的な質問に対する君の答えをここで整理しておこう。ただし、志望動機は適職分析の充実だけでは完成しない。この後にしっかりと業界・職種・会社研究を行い、志望する理由の充実や現実に対応した理由を設定していかなければならないことを忘れないでほしい。

POINT!

- ▶**採用担当者は自己PR以上に志望動機を重視している**
- ▶**適職分析だけでは不充分。業界・職種・会社研究にしっかりと取り組む必要がある**

WORK実例　基本的な志望動機作成ワーク（WORK35を参考にしよう）

ESを提出したり面接を受ける会社の属する業界や志望職種に合わせて「　　」内の文言を複数作成しよう。

「なぜ、○○業界を選ぶのか？」

私は志望業界を決定するにあたって、「**社会分野**と**事業フィールド**」の2面から、自分の興味の方向性を探ってみました。そして、「**人々のくらし**と**BtoB**」に興味を引かれる自分を発見し、「**食品、証券、経営コンサルティング**」業界などを研究しました。また、そのような業界研究過程で、「**日本はものづくりに優れた国であることを実感し新技術の開発に挑戦しているメーカー**」、「**就職活動にも大きく影響している経済**」にも目を向け研究を行いました。
その結果、第1志望業界を「**電機メーカー**」に決定し、現在活動しております。
第1志望を「**総合電機メーカー**」とした理由は、「**日本はものづくりが元気でなくてはならないと感じたからです。加えて、ビジネスを通して世界に貢献できるものづくりと言えば、代表的なのは自動車メーカーだと思うのですが、その自動車はハイテク・電動化しており、これからは電機メーカーの役割が大きくなる**」と考えたからです。

「○○職で生かせるあなたの強みは？」

私は志望職種を決定するにあたって、「**自己メリット**と**パーソナリティ**」の2面から、自分の興味の方向性を探ってみました。そして、「**資格を生かせる**」と「**主体性とクリエイティブ性**」を生かせる職に興味を引かれる自分を発見し、「**新規開拓営業、ファイナンシャルプランナー、コンサルタント職**」などを研究しました。また、そのような職種研究過程で、「**製品企画やセールスエンジニア**」にも興味を持ち研究を行いました。
その結果、第1志望職種を「**セールスエンジニア**」に決定し、現在活動しております。
第1志望を「**セールスエンジニア**」とした理由は、私の長所や強みである「**主体性・創意工夫・情報収集力**」（WORK18）を発揮できると考えたからです。

「なぜ当社を選ぶか？」

私は志望会社を決定するにあたって、まず会社選択基準を明確にしました。その結果「**成長性**」「**様々なタイプが活躍できる**」「**新しい価値を創造する**」という3つの基準を、より満たす会社に入社したいと思いました。
「**成長性**」を重視した理由は、「**今後20年、30年と、仕事を通してより刺激を味わいたかった**」からです。
「**様々なタイプが活躍できる**」を重視した理由は、「**それだけ風通しもよく、全社員の可能性を引き出せる環境だ**」と考えたからです。
「**新しい価値を創造する**」を重視した理由は、「**やはりメーカーである以上、常に最先端・未開の領域へのチャレンジを経営理念に掲げる会社が有望だ**」と考えたからです。

WORK 基本的な志望動機作成ワーク（WORK35を参考にしよう）

「なぜ、○○業界を選ぶのか？」

私は志望業界を決定するにあたって、「①と②」の２面から、自分の興味の方向性を探ってみました。そして、「③と④」に興味を引かれる自分を発見し、「⑤」業界などを研究しました。また、そのような業界研究過程で、「⑥」、「⑦」にも目を向け研究を行いました。

その結果、第１志望業界を「⑧」に決定し、現在活動しております。

第１志望を「⑨」とした理由は、「⑩」と考えたからです。

①

②

③

④

⑤

⑥

⑦

⑧

⑨

⑩

「○○職で生かせるあなたの強みは？」

私は志望職種を決定するにあたって、「①と②」の２面から、自分の興味の方向性を探ってみました。そして、「③」と「④と⑤」を生かせる職に興味を引かれる自分を発見し、「⑥」などを研究しました。また、そのような職種研究過程で、「⑦」にも興味を持ち研究を行いました。

その結果、第１志望職種を「⑧」に決定し、現在活動しております。

第１志望職を「⑨」とした理由は、私の長所や強みである「⑩」（WORK18）を発揮できると考えたからです。

①

②

③

④

⑤

⑥

⑦

⑧

⑨

⑩

「なぜ当社を選ぶか？」

私は志望会社を決定するにあたって、まず会社選択基準を明確にしました。その結果「①」「②」「③」という３つの基準を、より満たす会社に入社したいと思いました。
「④」を重視した理由は、「⑤」からです。
「⑥」を重視した理由は、「⑦」と考えたからです。
「⑧」を重視した理由は、「⑨」と考えたからです。

①

②

③

④

⑤

⑥

⑦

⑧

⑨

WORK 40

「ビジョン」形成に取り組もう

実は、志望動機には先に解説した基本的な質問以上に重要なものがある。それは「ビジョン」だ。ビジョンとは簡単に言えば将来像であり、この就職活動では近い将来（=入社すぐ)、「どんな仕事をしたいか」ということと、先の将来（＝5年、10年後)、「どんな大きな仕事を実現したいか」をより具体的に描き、採用担当者に示さなければならないんだ。

僕の将来的なビジョンは、幸せな社会人生活を送りたいってことです。

そのレベルではビジョンではなく希望だね。ビジョンとするには、例えば自分は仕事で何を得たり、実現できていれば幸せな社会人生活と思えるのかを、もっと具体化させる必要があるんだ。

上司に褒められたら…、同僚と仲良くできたら…ん～。こんな程度しか浮かびません…。

そこで必要なのが「仕事研究」なんだ。これは自己・適職分析ではなく、仕事研究の領域なので、方向性だけを示しておくから参考にしてほしい。

POINT!

▶入社後すぐと、5～10年後に仕事でどんなことを実現したいかが志望動機に関する最も重要な質問内容になる

▶志望する職種の社員紹介記事などを通して仕事研究を行い、自分が目指したいと感じる職種を探す

仕事研究への取り組み方

・志望会社のWEBサイトに掲載された事業紹介をよく読む
・志望会社のWEBサイトに掲載された先輩社員紹介記事をよく読む
・先輩社員、OB・OG訪問を積極的に行い、実際の仕事シーンを教えてもらう
・その仕事のやりがい、困難、社会や人々に提供する価値を研究する
・業界の発展、社会状況の変化に沿って、どんな新しいビジネスが生まれそうかを研究する
・入社10年目前後の社員が、入社後に担当してきた仕事を研究し、キャリアステップビジョンも描く

WORK 実例 取り組みたい具体的な仕事ビジョン

会社・仕事研究を通して知った仕事の中から、ぜひ取り組みたいと考えたプロジェクト名や仕事の内容を選び、記入しましょう。（実際の選考に臨む場合は、選考を受ける会社の仕事に沿って作成しましょう）

入社１年目
100人の新規のお客様開拓を目指す。この経験を通して、営業能力の基礎を身につけると同時に、資格の勉強にも取り組み、業界や商品の知識を増やす。

入社５年目
５人の部下を持ち、エリアの重要顧客10人の担当責任者となっている。５年間の営業経験から学んだことをもとに、新人営業員教育や営業推進案を考えるメンバーの一員になっていたい。また、営業成績でTOP5に入っていたい。

入社10年目以降
営業統括本部に所属し、全国を飛び回っている。全国の重要顧客との商談に明け暮れると同時に、各支店の状況を把握しながら成績の伸び悩んでいる支店の営業支援に出向いたりしている。

WORK 実例 キャリアステップビジョン

社員訪問、会社HPの先輩紹介記事などを通して知ったビジネスパーソンの中から、模範としたいキャリアステップをメモしましょう。

1年目	5年目	10年目	15年目以降
営業	営業推進	マーケティング	商品企画　経営企画

このキャリアステップをビジョンとする理由
将来の目標は経営にかかわる仕事をすることであり、そのためには、まずは現場やお客様を知る営業、そして会社全体に対する責任が重くなる営業推進職を経験したい。ここまでに結果を出し、会社から信頼を得てから営業以上に広くお客様の動向を知ることのできるマーケティング職を経験し、そして、商品企画を通してヒット商品を生み出してみたい。最後に、会社全体に責任を持ち、企画・提案を行うことのできる経営企画職を通して、会社を何倍もの規模に成長させてみたい。

▼「WORK実例」を参考に実際に書き込もう▼

WORK 取り組みたい具体的な仕事ビジョン

入社１年目

入社５年目

入社10年目以降

▼「WORK実例」を参考に実際に書き込もう▼

WORK キャリアステップビジョン

1年目	
5年目	
10年目	
15年目以降	

このキャリアステップをビジョンとする理由

【著者紹介】岡 茂信（おか しげのぶ）

現在東証プライムの情報システム開発企業での、延べ10000人以上の面接・採用選考経験を元に、1999年にジョブ・アナリストとして独立。全国のさまざまな大学及び就職イベントでの講演等で活躍してきた。また一方では、有名企業に対し採用アドバイスも行った。企業の採用手法および意図を知り尽くした存在として、毎年、多くの就職活動生から頼りにされてきた。「ハートを込める大切さと、そのハートを表現する力を磨く大切さに、この就活を通して気付いてほしい」－これが就活アドバイスを通して、著者が一番伝えたいことである。著書に小社オフィシャル就活BOOKシリーズ「内定獲得のメソッド 就職活動がまるごと分かる本 いつ? どこで? なにをする?」、「内定獲得のメソッド エントリーシート 実例で分かる書き方」などがある。
HP「岡茂信の就活の根っこ」(http://ameblo.jp/okashigenobu/)

編集　太田健作（verb）
イラスト　後藤亮平（BLOCKBUSTER）
カバーデザイン　掛川竜
デザイン・DTP　NO DESIGN

内定獲得のメソッド
自己分析　適職へ導く書き込み式ワークシート

著者　岡 茂信
発行者　角竹輝紀
発行所　株式会社マイナビ出版
〒101-0003
東京都千代田区一ツ橋2-6-3 一ツ橋ビル2F
電話　0480-38-6872（注文専用ダイヤル）
03-3556-2731（販売）
03-3556-2735（編集）
URL　https://book.mynavi.jp
印刷・製本　シナノ印刷株式会社

※定価はカバーに記載してあります。
※本書の内容に関するご質問は、電話では受け付けておりません。ご質問等がございましたら恐れ入りますが（株）マイナビ出版編集第2部まで返信切手・返信用封筒をご同封のうえ、封書にてお送りください。
※乱丁・落丁本についてのお問い合わせは、TEL：0480-38-6872【注文専用ダイヤル】、または電子メール：sas@mynavi.jpまでお願いします。

別冊「就活ノート」の使い方

本書で行う自己分析・適職分析は、就職活動のスタートラインに立つための準備と言えます。そこで、その後の本格的な就職活動もサポートするために、本書とは別に「就活ノート」を用意しました。この「就活ノート」では就職活動を7期に分け、それぞれの活動期に取り組んでほしいこと、チェックしたいことを書き込み式のチェックシートとして掲載しています。就職活動を充実させるためにぜひ利用してください。

「就活ノート」の構成

【コピーアイコン】について

記入内容が多く、コピーして使う必要のあるシートにはこのアイコンを表示しています。

就活スケジュールチェックシート

※一般的な文系学生の例

就活準備期		
就活解禁までの期間	☆マイナビ オープン インターンシップ関連の情報収集や応募に必要な自己PRや志望動機を作成し提出する	❶自己分析をする ❷業界・職種・会社を研究する ❸インターンシップに参加する
就活解禁1～2カ月前	自己分析、志望業界・職種をある程度固めておければ理想的 インターンシップを縁に、リクルーターと知り合えた場合は、コミュニケーションを深めよう	

企業が採用情報の公開や説明会を開始する就活解禁月と面接やグループディスカッションなどがスタートする選考解禁月を軸に、就職活動に必要な個々の活動とその活動開始の目安となる時期を確認できます。自分の活動の進行状況の確認にも役立ててください。

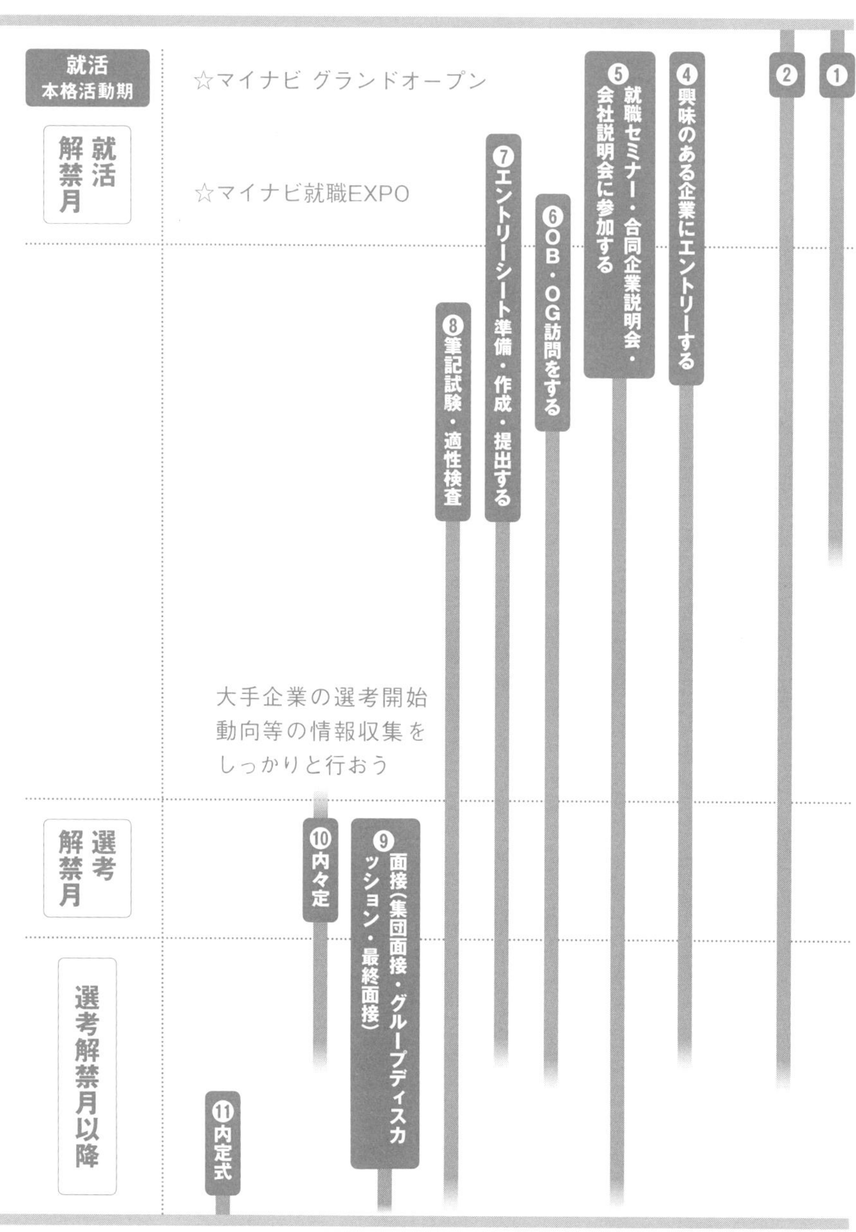

1 就活開始期

1-1 パーソナルデータシート

履歴書やエントリーシート（ES）で活用する自分の基本データをまとめておきましょう。

所属学科：	
ゼミ・研究室のテーマ、卒論・卒業研究のテーマ（予定含む）	
保有資格	趣味・特技・スポーツ経験・文化活動
所属サークル、ボランティア団体など	所属サークルなどで担当した役割
アルバイト経験	1カ月で最も稼いだ額・働いた時間
1カ月で最も勉強したこと・ 勉強した時間	大学生活で得た友人・先輩・後輩の人数
1カ月の平均読書量	PCで使いこなせる機能、できること
旅行した国、国内地域	表彰されたこと

1-2 就活日記をつけよう

卒業後の自分の人生、社会、仕事に対する価値観、また、他の学生や社会人と接して刺激を受けた考え方などを自由に書き込もう。就活を通して社会人になるための内面を充実させましょう。

考えたきっかけ	人生・社会・仕事に対する価値観 刺激を受けた考え方

1-3 社会人としての意識を高めよう

なぜ就職するのか？
（ヒント：自分のメリットだけではなく、社会や顧客にどう貢献したいかも考察しよう）

入社後数カ月、実績もあげていないのに、なぜすぐに給料をもらえるのか？
（ヒント：アルバイトやサークルの経験をもとに、経営者の期待を考察しよう）

趣味と仕事の違い
（ヒント：世の中に対する影響力や責任の重さ、評価方法の違いなどについて考察しよう）

学生と社会人の違い
（ヒント：社会人として認められるために必要なことを考察しよう）

社会人としての意識を高めるために、以下について考え、自分の考えをまとめておきましょう。また、自分の考えを一通りまとめた後は、家族や学校の就職課の方に見せ、アドバイスをもらったり、友人と話をして更に理解を深めていきましょう。

成果とプロセスのどちらが大切か？

（ヒント：達成感や喜びを考察しつつ、社員・管理職・経営者という立場による違いにも目を向けよう）

やりがいと給料、どちらを追求したいか？

（ヒント：仕事を通して目指す自己実現の内容について考察しよう）

ミスをしたときの責任の取り方とは？

（ヒント：共に働く人や影響を与える相手がいることを前提に考察しよう）

民間就職と公務員就職の違い

（ヒント：奉仕対象・奉仕目的の違いなどを考察しよう）

1-4 ニュースや新聞で気になる内容をチェックしよう

●社会全般で注目したこと ※記事はスクショするなどしてスマホ等に保存しよう

ニュースの内容

感想・問題意識

就職活動中は新聞やWebニュースのチェックを心掛け、重要だと思ったものはどんどんメモに残しておきましょう。この日々の取り組みが、エントリーシート作成時や「業界注目トピックスチェックシート」（7-2）の作成時に生きてきます。自分の意見だけでなく、論説委員やコメンテーターの論評で納得、感心したものもメモし、理解を深めましょう。

●経済関連で注目したこと ※記事はスクショするなどしてスマホ等に保存しよう

ニュースの内容

感想・問題意識

1-5 GDトレーニング：自分の意見を持とう

企業のモラルとは

有名芸能人が知事などの政治家になることを、どう思うか？

日本の強み、弱み

外国人と一緒に働くために大切なこと

もしも、日本の初大統領に誰かが就任するとすれば、歴史上の人物を含めて誰がよいか？

最近では、１次選考としてグループ・ディスカッション（GD）選考が重視されています。日ごろから柔軟な思考力を鍛えておくために、以下の項目について自分なりの意見を書き込んでみましょう。

日本の社会課題の中で最優先で取り組むべきものは何か？

給料とやりがい、どちらを重視するべきか？

良い会社とは？　そうでない会社とは？

企業に必要な人材とは？

大企業のメリット・デメリット。中小企業のメリット・デメリット

1-6 読書内容を整理しよう

読書によって文字情報を得ることに慣れた人とそうでない人では知識量・洞察力・思考力・表現力などに差がつきます。これまでに読書に親しんできた人は、以下のシートに取り組みましょう。そうでない人は、就活中に最低2冊の本を読むことを目標に取り組んでみましょう。（もちろん、大学のレポート作成時に参考にした文献なども対象としてください）

お気に入りベスト5	お気に入り一言コメント
1.	
2.	
3.	
4.	
5.	

これから読みたい本ベスト5	注目理由
1.	
2.	
3.	
4.	
5.	

1-7 新たに増えた自己PRネタ記入シート

「就活日記をつけよう」（1-2）では、考えたこと、刺激を受けたことをテーマに記入しますが、ここではあなたの自己PRネタとなる体験・行動をテーマに記入しましょう。今日から内定を得て就職活動が終了するまでの期間で、自己PRに使えそうな経験をした場合には、すぐにメモしていきましょう。

日時	新たな経験・エピソード＝自己PRに使えそうなネタ

1-8 希望の仕事像記入シート（企業との接触前）

本格的な企業との接触を前にして、自分がどんな仕事をしたいと思い描いているのか、今の段階で浮かんでいることを自由に記入しよう。（自己分析・適職分析に一通り取り組んだ後に記入すること）

1-9 社会人となることへの不安チェックシート

誰でも新たな世界に踏み出すことには不安を感じるものです。抱いている不安を明らかにすると同時に、社会人の先輩たちからその不安に対するアドバイスをもらいましょう。このコミュニケーションをきっかけに、どんどん相談したいと思える人が見つかるはずです。

●就職・社会人になることへの不安は？

不安な内容

アドバイス

●仕事への不安は？

不安な内容

アドバイス

●就活への不安は？

不安な内容

アドバイス

1-10 先輩からの情報収集シート

エントリーに対するアドバイス

筆記試験に対するアドバイス

ESに対するアドバイス

面接に対するアドバイス

先輩が紹介してくれたOB・OG

あなたの身近にいる就職活動を終えたばかりの先輩から、たくさんのアドバイスをもらい、以下のシートに集約していきましょう。この情報は就職活動の武器になると同時に、羅針盤ともなります。

先輩が自己PRで強調したこととその理由。エピソード内容

先輩が志望動機（会社を選ぶ理由）で強調したこととその理由

先輩が志望動機（仕事で何がしたいか）で強調したこととその理由

企業選びに対するアドバイス

1-13 目標管理シート「合同企業説明会で話した社員数とOB・OG&社員訪問人数の確認」

就活では、実際にコミュニケーションを取ることが大切です。このコミュニケーションが増えるほどにあなたの情報量もコミュニケーション能力もアップし、実践的な面接対策にもなります。一人でも多くの社員やOB・OGとのコミュニケーションを取るようにしましょう。（累計数字で折れ線グラフにして管理し、説明会で話した人事担当者・社員数は黒色で、OB・OG＆社員訪問人数は赤色で記入してみよう）

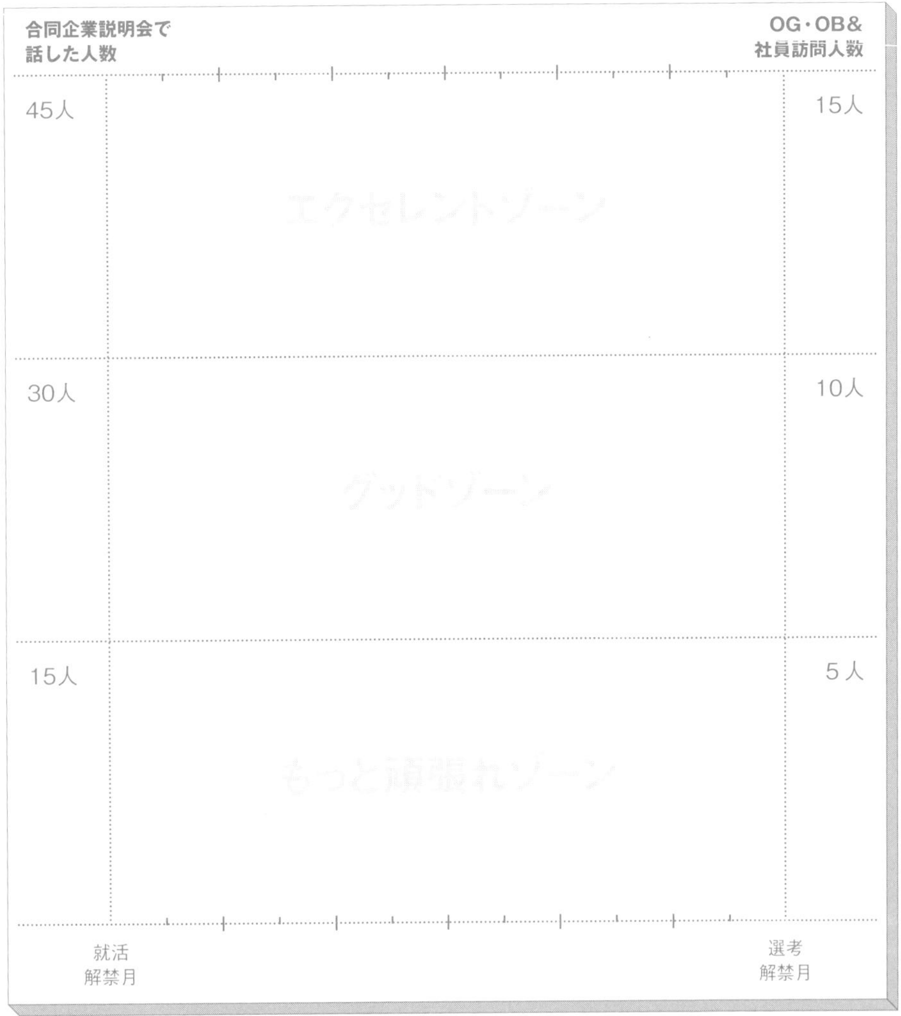

就活解禁月、選考解禁月をもとに、月間計画を立てよう。

1-12 目標管理シート「エントリー数&説明会参加数の確認」

何事も目標を設定して取り組むことが大切です。エントリーは30社以上、合説も含めた説明会参加は15社以上を目標として取り組みましょう。活動を量の観点から自己管理することで、着実に就活を進められると同時に、ほかの就活生と比較することで進展状況を客観的に把握することもできます。(累計数字で折れ線グラフにして管理し、エントリー数の線は黒色で、説明会参加数は赤色で記入してみましょう)

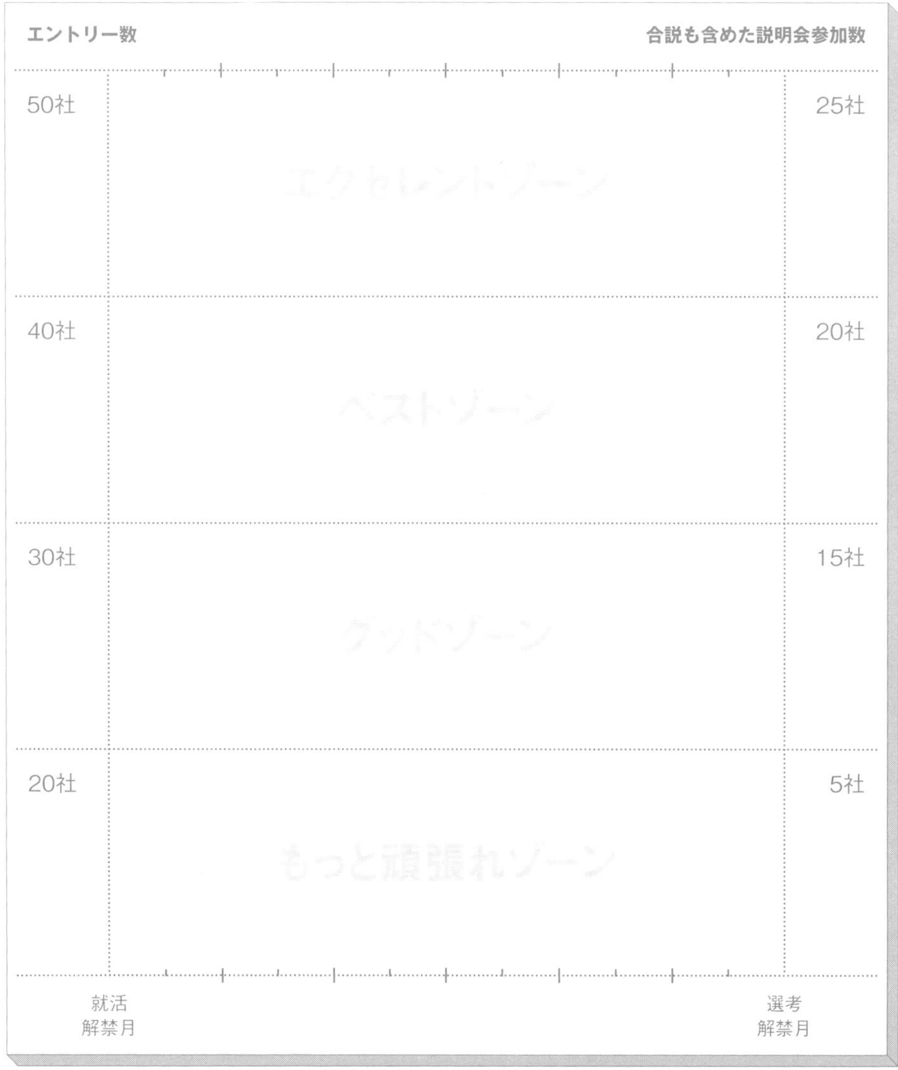

就活解禁月、選考解禁月をもとに、月間計画を立てよう。

1
就活開始期

1-13 目標管理シート「合同企業説明会で話した社員数とOB・OG&社員訪問人数の確認」

就活では、実際にコミュニケーションを取ることが大切です。このコミュニケーションが増えるほどにあなたの情報量もコミュニケーション能力もアップし、実践的な面接対策にもなります。一人でも多くの社員やOB・OGとのコミュニケーションを取るようにしましょう。（累計数字で折れ線グラフにして管理し、説明会で話した採用担当者・社員数は黒色で、OB・OG＆社員訪問人数は赤色で記入してみよう）

合同企業説明会で話した人数							OG・OB＆社員訪問延べ人数
45人							15人
30人							10人
15人							5人
	10月	11月	12月	1月	2月	3月	4月

2 業界研究期

2-1 業界専門用語研究シート

業界・職種研究を進めていく中で目にした業界専門用語を調べて、頻繁に出てくる専門用語とその意味・内容をここでまとめておきましょう。

業界キーワード・専門用語	内容・意味

2-2 業界絞り込みプロセス記入シート

業界を広く研究することはもちろん大切ですが、それ以上に「絞り込む」ことが大切です。多くの業界の知識を詰め込んでも、志望を絞り込めていない印象を与えると採用担当者から評価されないからです。業界研究を行いつつ、志望度の変化のプロセスを記入しましょう。

●プロセス1：研究業界

インターネットや合同企業説明会などで、研究した業界名を記入しましょう。

●プロセス2：業界の絞り込み

「将来展望」「社会貢献性」「事業内容への関心」「競争力」などをポイントにして志望業界を3つまで絞り込みましょう。また、あなたが重視したポイントや理由も記入しておきましょう。志望動機を説明する時に役立ちます。

業界名1：

重視したポイントや理由

業界名2：

重視したポイントや理由

業界名3：

重視したポイントや理由

2-3 職種絞り込みプロセス記入シート

職種選択のポイントは、仕事内容の深い理解と自分の向き・不向きを判断することです。職種研究を行いながら、志望度の変化のプロセスを記入しましょう。

●プロセス１：研究職種

インターネットや合同企業説明会などで、研究した職種名を記入しましょう。

●プロセス２：職種の絞り込み

「長所を生かせる」「困難度」「スキルアップ」「やりがい」などをポイントにして志望職種を３つまで絞り込みましょう。また、あなたが重視したポイントや理由も記入しておきましょう。志望動機を説明する時に役立ちます。

職種名１：

重視したポイントや理由

職種名２：

重視したポイントや理由

職種名３：

重視したポイントや理由

2-4 インターンシップ経験整理シート

夏休みなどに参加するインターンシップ・仕事体験は、仕事や会社研究・理解において貴重な経験となります。会社や仕事の絞り込みに役立つだけでなく、ESや面接でのネタともなりますので、整理しておきましょう。

会社名：

事業内容：

インターンシップで経験した内容

インターンシップの経験から、会社に関して感じたこと、理解したこと

インターンシップの経験から、仕事に関して感じたこと、理解したこと

出会った対応部署・社員の言葉・行動で印象に残ったこと

インターンシップを通して成長できたこと、自信になったこと

3 企業WEBサイト研究期

3-1 企業WEBサイト研究シート

志望業界を３つ程度にまで絞れた後は、それぞれの業界に属する企業を調べ、応募したい会社候補を増やしていきましょう。会社の情報はマイナビなどの就職情報サイトの企業情報ページや企業のWEBサイトでチェックしましょう。

業界名：

会社名：

会社概要のキャッチフレーズ

共感した理念やメッセージ

印象に残った社内事業内容

印象に残った社内制度や特徴

印象に残った先輩社員紹介記事

業績や会社規模の特徴

福利厚生の特徴

その他

3-2 注目企業チェックシート

数多くの企業が存在する中での会社研究は、自分一人の力だけで行うのではなく、友人、知人などの就活仲間と注目している会社情報の交換を行い、会社研究に役立てましょう。

会社名／情報掲載サイト：

就活仲間が注目しているポイント

会社名／情報掲載サイト：

就活仲間が注目しているポイント

会社名／情報掲載サイト：

就活仲間が注目しているポイント

会社名／情報掲載サイト：

就活仲間が注目しているポイント

4 エントリー期

4-1 内定者像インタビューシート

セミナー会場などで出会った企業の採用担当者・社員に、印象に残っている内定者像や求められる経験などについて質問しメモしましょう。担当者から語られる内定者像は、ESや面接での自己PRを練る上でのヒントとなります。それぞれの企業の担当者から聞いたことを以下のシートに集約して、自分の経験と比較してみましょう。

採用担当者・社員が語る内定者像

自分に当てはまる経験など

4-2 エントリー企業管理シート

就職活動では30社以上のエントリーを行う人も少なくありません。エントリーは就職情報サイトを利用して比較的簡単に行えるのですが、大変なのはエントリー後の管理です。

企業名			
エントリー日			
企業からの返信日			
返信メールの好感度			
返信メールについてのメモ			
ESテーマ告知予定日			
ES提出締め切り日			
ES提出日			
説明会情報告知予定日			
説明会エントリー日			

頑張って多くのエントリーを行う人ほど、エントリーした会社の動向を把握しきれなくなってしまうことが多いので、このシートで説明会参加までを管理しましょう。
＊返信メールの好感度チェックでは、○＝好印象　△＝普通　×＝悪印象で記入。

4-3 参加イベントでのチェックシート

就活に必要な情報収集やエントリーはインターネット上で進められます。ですが、実際に合同企業説明会や業界セミナーなどの就活イベントに参加して、自分の目と耳で情報をキャッチし、就活のピリピリとした空気を肌で感じることも大切です。積極的に足を運び、インターネットでは集められない情報を収集して、以下に集約していきましょう。

●業界関連記入欄

業界の最新の動向など

業界専門用語に関する説明

業界に関する世界的な動き

業界に関連して新たに勉強になったこと

●**会社・仕事関連記入欄**

どんな特徴・強みを持った会社があるか？

求められる人材像

求められる知識・能力

キャリアパス事例

会社・仕事に関連して新たに勉強になったこと

その他（新たに発見した有望会社名など）

4-4 推薦可能企業チェックシート

あなたの大学・短大から定期的に採用を行っている企業がある場合、自由応募とは別枠の推薦枠で採用が行われる場合もあります。推薦応募者への対応は個々の企業によって違いますが、推薦可能な企業をリストアップしておいて損はありません。就職担当教授や就職課に問い合わせてリストにしておきましょう。

企業名：

推薦者選抜方法と人数

応募にあたっての注意点

昨年の選考内容

過去３年の推薦受験合格者数

5 企業説明会参加期

5-1 電話応答マニュアル

会社訪問・社員訪問依頼などでは、メールではなく、電話が有効な場合もあります。特に、直前の問い合わせや熱意を伝えたい場合は、電話を利用してみましょう。以下は社員訪問依頼を想定したものです。この内容を参考にして実際に電話での連絡をしてみましょう。

※まずは、部署名・相手の名前を確認し、そしてスケジュール及びメモ帳を用意してからかけましょう。当然ですが、メモの取れる準備は整えておきましょう。

相手：お電話ありがとうございます。○○株式会社でございます。

あなた：**お忙しいところ恐れ入ります。**わたくし、○○大学のXXと申します。

相手：**いつもお世話になっております。**

あなた：こちらこそお世話になっております。**恐れ入りますが、**採用課の△△様は**ご在席でしょうか？**

相手：少々、お待ちください。

△△：お電話代わりました。△△でございます。

あなた：お忙しいところ恐れ入ります。わたくし、○○大学のXXと申しますが、**今、お時間よろしいでしょうか？**

△△：はい、大丈夫ですよ。

あなた：ありがとうございます。わたくしは、現在、AA業界への就職を志望し就職活動をしております。マイナビで御社の企業記事を拝見し、「○○○」にとても感銘を受けました（共感できました、興味を持ちました等）。そこで、**ぶしつけではございますが、**ぜひ、社員訪問を通して御社の社風や仕事内容について具体的に研究させていただきたいと希望し、お電話させていただいた次第です。**勝手なお願いで大変申し訳ありませんが、ご検討いただけないでしょうか？**

△△：なるほど。それでは検討させていただきますので、明日の11時にもう一度、ご連絡をいただくことはできるかな？

あなた：ありがとうございます。ただいま、明日の予定を確認いたします。･･･あっ、大変申し訳ありません。その時間は、ちょうど授業と重なっておりまして、30分後の11時半であれば可能なのですが。（都合が合わない場合は、はっきりと伝え、代案を提示しよう）

△△：分かりました。それでは、わたし宛に、明日11時半にご連絡ください。（誰に、何時に･･･メモしながら聞こう）

あなた：はい。明日の11時半に、△△様にお電話させていただきます。（繰り返すことが基本です）お忙しいところ、ご対応いただき、本当にありがとうございます。今後ともよろしくお願い致します。

△△：こちらこそ。それでは。

あなた：はい。失礼します。（相手が切るのを待って切る）

※太字の部分は、ビジネス会話で使われる基本的な言葉です。覚えておきましょう。

5-2 企業チェックシート

企業名：

説明会全体・段取りの印象

説明員やスタッフの印象

志望ポイントとなりそうな点

他社と特に違うと強調されたこと

事業・経営ビジョンとして示されたこと

会社説明会は最も重要な情報収集の機会なので、その内容はきちんとメモして整理しておくことが大切です。以下のチェックシートを利用して内容をまとめておきましょう。その後の志望動機作成や他社との比較時にも役に立ちます。

仕事のやりがいに関して説明されたこと

業績に関する説明

社長・社員が登場した場合は、その印象、強調点

入社後の教育内容

福利厚生など、そのほかの情報

5-3 OB・OG、社員訪問時のチェックシート

会社説明会に参加することであなたは企業から入社希望者として具体的に認知されます。このタイミングで積極的にOB・OGや社員訪問を依頼し、チェックシートの項目に沿ってまとめておきましょう。説明会以上の情報を収集できるはずです。また、あなたのその真剣な姿勢は採用担当者に良い印象を与えることができます。

名前／会社名（業界名）：

質問したいこと（事前に準備しておこう）

訪問を通して学んだこと（訪問中のメモ欄）

訪問後のまとめ（特に重要だと感じたポイント）

5-4 企業の営業利益率チェックシート

社風や社員の人柄も志望会社の絞り込みでは重要な要素ですが、会社は業績が良くなければ存続することができません。そこで、簡単な割り算で算出できる営業利益率（営業利益率＝営業利益÷売上高）をチェックし比較しましょう。営業利益率は、売上高に占める利益の割合であり、割合の高い企業ほど収益性の高い企業となります。同業界の会社同士で比較してみましょう。

（　　　　業界） 会社名	%	（　　　　業界） 会社名	%

※エクセルなどの表計算ソフトに「利益記入欄」「売上記入欄」「計算結果欄」を設けましょう。計算結果欄に割り算の式を入力しておけば、営業利益・売上高の額を入力するだけで営業利益率を自動的に算出でき、効率的です。

5-5 会社訪問好感度チェックシート

実際に会社訪問した時に感じたこと・考えたことも大切にしながら、志望する会社を絞り込んでいきましょう。そこで、会社訪問をした会社を以下のシートに記入し、空欄にはあなたの重視する項目を追加してください。項目ごとに５段階評価で得点化して、総合得点の高い会社を確認してみましょう。

社名	対応部署の対応、熱意	社内の清潔感	活気	説明会の内容	面接の質問内容				総合得点

5-6 説明会参加態度チェックシート

説明会は参加することが目標ではありません。説明会は企業側からすれば選考開始であり、あなたにとってはアピール開始の場です。まずは基本的なことをチェックして会社説明会に備えましょう。

チェック項目	チェック欄	チェック項目	チェック欄
コートやマフラー・手袋は、建物に入る前に脱いでいるか？		受付開始10分前には到着しているか？	
最寄駅などで身だしなみをチェックしているか？		書類などを手渡す時は、両手で手渡しているか？	
あいさつは受付や廊下ですれ違う社員にも行えているか？		自由に着席できる場合は、少しでも前列を選んで座っているか？	
アンケートなど記入物は丁寧に書いているか？		説明会中は、あくびなどをしていないか？	
説明員と度々アイコンタクトできているか？		説明会中に志望動機を作成する意識で聞いているか？	
説明会中・後に質問したか？		帰宅後、お礼メールを出したか？	

※説明員とアイコンタクトを行うコツは、説明員が違う方向を向いている時でも、説明者の目の高さに目線を合わせておくことです。

6 面接期

6-1 面接前日チェックシート

面接の前日には準備・確認事項について改めてチェックして、万全の態勢で臨むことが大切です。以下の項目の内容をチェックして、確認漏れがないかをチェックしましょう。

チェック項目	チェック欄
住所・最寄駅・ビル名などを地図で確認したか？	
集合時間・面接開始時間は確認したか？	
スマホの不調を想定し、場所・時間・緊急時の連絡先をプリントアウトしたか？	
提出物は揃っているか？	
企業のWEBサイトにもう一度目を通したか？	
組織図を見て、自分が志望する正式な部署名を確認したか？	
事業内容・営業利益率を確認したか？	
過去の「面接振り返りシート」を確認したか？	
業界や受験会社に関連する記事を読んだか？	
ESを読み直したか？	
仕事で何がしたいかを具体的に言えるか？	
質問を用意したか？	
他社と比較しての会社志望動機が言えるか？	
「面接のチャンス」に感謝の気持ちを持っているか？	

6-2 面接控え室チェックシート

面接直前の控え室では、何もしていないと緊張してしまいがちです。そこで、次の3点についてのみ書き込み、読み直しを行い、気持ちを集中させましょう。

自己PRで絶対に伝えたいこと

志望動機で絶対に伝えたいこと

質問したいこと

6-3 集団面接後チェックシート

集団面接はほかの就活生のアピール内容や表現力を学ぶ絶好の機会です。採用担当者の反応などから、参考にすべきと感じた学生の「回答内容」「エピソード」「振る舞い」「表現力」などの特徴を自由に記入しましょう。また、自分の回答内容や表現力をどう修正するかも記入し、次の面接に向けて活用しましょう。

参考にしたい内容

改善する内容とその改善方法

6-4 面接振り返りシート

自分自身の面接の反省をこのシートを使ってじっくりと行いましょう。自分なりに手応えのあった評価点を伸ばし、同時に反省点を改善していけば面接での対応力は必ず向上できるのです。次の面接の前日に、ここでメモした内容を読み直しましょう。

質問内容と自分の答え

反省点・伝え切れなかったことなど

評価点・面接官の反応が良かったことなど

6-5 面接結果分析シート

面接能力の向上度合いを判断できるように、面接内容の項目ごとに5段階評価でチェックをして、各面接結果を記録として残しておきましょう。

会社名	緊張に負けなかった	アイコンタクトがしっかりできた	納得のいく自己PRができた	会社志望動機をしっかり言えた	熱意を伝えることができた	面接官に興味を持ってもらえた	面接官の「なぜ?」にしっかり答えられた	アピール内容を膨らませられた	自分から質問することができた

6-6 意識すべき面接の姿勢・行動マニュアル

以下のシートでは面接時の控え室から退室までの行動の流れを紹介しています。事前にイメージトレーニングを行い、面接終了後には反省材料としてください。

1．控え室で待機

周囲の学生を気にしたり、キョロキョロしたりと落ち着きのない印象を与えないよう心掛けましょう。ただし、隣の学生と周囲の静かな雰囲気を壊さないくらいの小さな声で言葉を交わす程度は、お互いに緊張がほぐれるので良いでしょう。基本的には、会社案内資料に目を通す、「面接控え室チェックシート」（6-2）を作成するなどして準備しましょう。

2．面接室の前

一人で面接室に入る場合、面接室のドアが閉まっていたら、ノックを3回して、「どうぞ」の声が返ってきてからドアを開けましょう。この入室の瞬間はとても緊張する場面ですが、顔を上げ、面接官に対して笑みを浮かべて一歩を踏み出しましょう。

3．入室後

「失礼します」と一声かけてから入室します。入室後、面接官の位置を確認し、面接官に向かって「よろしくお願い致します」とはっきりとあいさつ＆お辞儀をしましょう。その後、ドアを丁寧に閉め、改めて直立姿勢をしっかりと取って、会釈をしましょう。面接官から「どうぞ」などの声かけがありますので、その声かけに従って、椅子に向かって歩き出します。堂々と歩きましょう。また、目が合った時は、どんどん「会釈」をしましょう。

4．着席時

着席時にはゆったりと深く座るのではなく、座面の半分程度に、まさに「腰をかける」というイメージで座りましょう。背もたれに背中をつけるのはNGです。背筋を伸ばし、面接官としっかりと目線を合わせましょう。

5．受け答え

「はい」をしっかりと発することが大切です。また、語尾にも力を込めてはっきりと発言しましょう。たとえ、あなたが気後れするタイプの方でも、「はい＆語尾」だけでもはっきりと発することで、頼もしい印象を与えることができます。また、受け答えのコツは、面接官の言葉をうなずきながら聞く、自分が話す時は自分の言葉に自分自身がうなずきながら（＝納得しながら）話すことです。コミュニケーション・プレゼンテーションのリズムを作ることができます。

6．退室時

席を立ち「ありがとうございました」と、面接をしてもらったことに対し、感謝の気持ちをしっかりと伝えましょう。また、ドアの側では再びしっかりと直立姿勢を取った後に、「ありがとうございました。よろしくお願い致します。失礼します」と深々とお辞儀をして、最後の最後まで隙のない気持ちで臨みましょう。

最後に、ドアを閉めた後は案内担当のスタッフの方にも、心から感謝の気持ちを伝え、たとえ面接が失敗した場合でも、笑顔を作り、気持ちの良い空気をあなたが作ることを心掛けましょう。

Web面接を成功に導く重要ポイント

Web面接の受験者側の最大の利点は、「大学生活活動史」（本冊P24～25参照）を手元に置けることです。これにより、自己PRに関連するエピソードやシーンを説明しやすくなります。但し、活動史を見ながら受験することはお勧めできません。対面面接と同様に活動史に頼らず受験できることを目指し、万が一、緊張で頭が真っ白になった時の助け舟として利用しましょう。本番前に模擬Web面接を実施し、活動史が自然と視野に入る位置を確認しておきましょう。

7 内定期

7-1 最終面接企業チェックシート

最終面接では、職種や会社志望動機の内容がより重要になってきますので、より力を入れて取り組みましょう。最終面接以前の選考のポイントが「社会人としての資質」だとするならば、最終面接の選考のポイントは「当社で働くにふさわしいか」になるからです。このチェックシートで改めて確認しておきましょう。

会社名：

事業や会社の特徴は？　他社と比較し、その会社を選ぶ理由は？

入社して何がしたいか？　自分自身の目標は？
この会社をどう成長させていきたいのか？

どんな考え・行動・価値観を重視している企業か？
この会社の掲げる中期的な目標は？

最終面接でどんな質問が行われるか？　就活仲間・WEBからの情報収集の結果は？

7-2 業界注目トピックスチェックシート

新聞やWebニュースをチェックして、志望する業界や同業他社に関連する情報収集に力を入れることが大切です。志望業界別に、チェックした記事やニュース内容の要約をメモしておきましょう。

志望業界名／同業界に属する会社に関連するトピックス

第１志望業界「　　　　　　　　　　　　　　　」

第２志望業界「　　　　　　　　　　　　　　　」

第３志望業界「　　　　　　　　　　　　　　　」

7-3 内定後チェックシート

晴れて内定を獲得し入社を決意した後は、就活の締めくくりとして以下の項目についてチェックしましょう。どの内容も大切なことなので、最後まで気を抜かずに連絡・確認作業を行いましょう。

チェック項目	チェック欄
家族や大学に相談・報告はしたか？	
内定書（内々定書）は書面で取り交わしたか	
会社から定期的に連絡が来ているか？	
内定者仲間との交流はあるか？	
内定者パーティの日時・場所は確認したか？	
内定者教育の日時・場所は確認したか？	
入社式の日時・場所は確認したか？	
ほかの内定（内々定）会社に辞退の連絡を速やかに入れたか？	
訪問した人、お世話になった教授などに報告をしたか？	